アインシュタイン「未来物理学」を語る

EINSTEIN SPEAKS ON FUTURE PHYSICS

大川隆法

RYUHO OKAWA

まえがき

宗教上の特殊な方法を用いて、アインシュタイン博士の霊を招き、「未来物理学」を訊《き》き出そうとする試みである。もとより唯物論者の培養器《ばいようき》となっている科学の領域では、霊界からの啓示など信じない人も多かろう。だが本物の物理学者なら、自分たちが既《すで》に「神の領域」に立ち入っており、研究の足場として、何らかの未知なる知識の必要性を感じているに違いない。

私自身は、文系にしては珍しく、理論物理学にも関心を持ち続けているが、「未来物理学」を言葉で説明することの難しさを感じている。本書中、アインシュタイン霊は、世界でまだ誰も思いついたことのない、未来物理理論モデルについても何度か言及《げんきゅう》しているが、一般公開は先送りし、ＨＳＵの未来産業学部に研究を委《ゆだ》ねることにした点、お許し頂きたいと思う。

二〇一五年　二月十九日

幸福《こうふく》の科学《かがく》グループ創始者兼総裁《そうししゃけんそうさい》

ＨＳＵ（ハッピー・サイエンス・ユニバーシティ）創立者《そうりつしゃ》　大川隆法《おおかわりゅうほう》

アインシュタイン「未来物理学」を語る　目次

まえがき　1

アインシュタイン「未来物理学」を語る

二〇一四年十二月二十三日　霊示《れいじ》
東京都・幸福の科学総合本部にて

1　二十世紀最大の物理学者・アインシュタインを招霊《しょうれい》する　13
百年前の物理理論でも現代人にとっては難しい　13
実際は学生時代から理系的秀才《しゅうさい》だったアインシュタイン　14
ニュートンやガリレオの理論に大変更《へんこう》を加えた天才　17

相対性理論は物質運動の外側にある「観察者の目」を入れた理論　20
「ブラックホール理論」とはどのようなものか　23
「波か、粒か」で議論になった光の性質とは　26
平和運動で「二パーセント理論」を提唱したアインシュタイン　30
なぜ平和運動と袂《たもと》を分かつようになったのか　32
原子爆弾《ばくだん》を投下された日本に対する思い　34
「未来の物理学」の感触《かんしょく》をつかむことが狙《ねら》い　35
二十世紀最大の天才物理学者・アインシュタインを招霊する　39

2
宇宙の謎《なぞ》を解くカギとは何か　43
前回の「アインシュタインの霊言《れいげん》」を振《ふ》り返って　43
ワームホールは「ミミズの穴」のようなものではない　46
「現代物理学」の仮説は「神の目から見た宇宙」を説明できるか　51

「高次元から三次元に介入《かいにゅう》できる」なら、奇跡《きせき》は起きる　54

3　相対性理論を超《こ》えた「光速を超える理論」とは　57

【光速を超える理論①】次元間を移動する「空間移動」の理論　57
【光速を超える理論②】過去や未来を移動する「時間移動」の理論　60
「『エル・カンターレの最深部』を引き出せば、千年は安定」　63
大切なことは「未来に人類が必要な真理」を手に入れること　66
「UFOの原理」を解明できたら大変なことになる　68
なぜ宇宙の星は互いの引力でくっつかないのか　71
現実の宇宙には「引力」に反する「遠心力《えんしんりょく》」も働いている　72

4　「ダークマター」や「裏宇宙」とは何か　75

なぜ、神様は「二元思考」で宇宙を創ったのか　75
仏教的な「老《ろう》・病《びょう》・死《し》」を「ダークマター」で説明したトス神　78

「裏宇宙」は鏡を何枚も重ねて映し出されたような世界　81
「神の正体は〝観察者〟だと思う」　83

5　**タイムマシンやＵＦＯの原理とは**　87
未来のアインシュタインなら、タイムマシンの原理を知っている？　87
「ＵＦＯの原理」の研究には、「工学系の頭脳」が必要　90
宇宙に働いている二つの力――「引力《いんりょく》」と「斥力《せきりょく》」　91
ＵＦＯのシステムに関係している「精神エネルギー」　94
プルトニウムより良質な「精神作用と反応するエネルギー源」　96

6　**霊言・リーディングの「時空を超える力」とは**　100
物理学者として関心がある「幸福の科学のリーディング」　100
「過去や未来の人間と会話する能力」は何を意味しているのか　102
高次元では「過去・現在・未来」が矛盾《むじゅん》しているのか　104

7 奇跡や霊的現象の「方程式」とは何か 108

物質が消えるときの巨大《きょだい》なエネルギーはどこへ行くのか 108

「イエスの奇跡」や「ガンが消える奇跡」にも理由があるはず 110

「神の創造の原理」と同じエネルギー素粒子《そりゅうし》がある 112

エネルギー変換の「別の公式」を発見すれば 「第二のアインシュタイン」になれる 116

銀河間を比較《ひかく》すれば出てくる「進化のレベルの差」 118

8 これから「宗教は科学がやる時代」が来る 121

自分のなかにアイデアがなければ霊的指導は受けられない 121

「進化する科学」とは「神の奇跡」を肯定《こうてい》すること 123

「新しい方程式へのヒント」が含《ふく》まれている大川隆法の霊言 124

「神が計画して創った世界の秘密」の説明がＨＳＵの使命 127

教団にも「投資したくなるような説明ができるＰＲマン」を　129

9　**なぜ天才は突如《とつじょ》、生まれてくるのか**　133

理系の世界で着想《ちゃくそう》を得る人は「預言者《よげんしゃ》と似た体質」を持っている　133

才能ある人の頭を平準化していく傾向《けいこう》のある日本　137

文明は波のように上がったり下がったりしながら進んでいる　139

「第二のアインシュタインを目指したいならＨＳＵへ」　142

天才性がある人に対して配慮《はいりょ》すべきこと　144

アインシュタインからインスピレーションを得られる人材とは　146

10　**アインシュタインの霊言を終えて**　150

「好奇心《こうきしん》」が科学の前提であり、すべての始まり　150

あとがき　152

「霊言現象《れいげんげんしょう》」とは、あの世の霊存在の言葉を語り下ろす現象のことをいう。これは高度な悟《さと》りを開いた者に特有のものであり、「霊媒現象《れいばいげんしょう》」（トランス状態になって意識を失い、霊が一方的にしゃべる現象）とは異なる。外国人霊の霊言の場合には、霊言現象を行う者の言語中枢《ちゅうすう》から、必要な言葉を選び出し、日本語で語ることも可能である。

なお、「霊言」は、あくまでも霊人の意見であり、幸福の科学グループとしての見解と矛盾《むじゅん》する内容を含《ふく》む場合がある点、付記しておきたい。

アインシュタイン「未来物理学」を語る

二〇一四年十二月二十三日　霊示《れいじ》
東京都・幸福の科学総合本部にて

アルベルト・アインシュタイン（一八七九～一九五五）

ドイツ生まれのユダヤ人。理論物理学者。特殊《とくしゅ》相対性理論、一般《いっぱん》相対性理論、光量子論《こうりょうしろん》、ブラウン運動の分子運動理論等を発表し、その後の物理学に多大な影響《えいきょう》を与《あた》え、二十世紀最大の物理学者として、「現代物理学の父」と称《しょう》される。一九二一年ノーベル物理学賞受賞。それらの業績を背景に、さまざまな政治的発言も行うが、ナチス・ドイツから迫害《はくがい》され、アメリカに亡命した。

質問者　※質問順

近藤海城《こんどうかいじょう》（ハッピー・サイエンス・ユニバーシティ副室長）

鈴木千尋《すずきちひろ》（ハッピー・サイエンス・ユニバーシティ部長）

児玉理《こだまおさむ》（幸福の科学宗教教育企画局部長）

［役職は収録時点のもの］

1　二十世紀最大の物理学者・アインシュタインを招霊《しょうれい》する

百年前の物理理論でも現代人にとっては難しい

大川隆法　本日、取り上げるアインシュタインは、ＨＳＵ（ハッピー・サイエンス・ユニバーシティ）から収録を依頼《いらい》されていた八つのテーマの最後となります。これは、もう、誰《だれ》でも代わりにしてくださって結構なのですが、文系の人間にとってはなかなか厳しい〝最終試験〟という感じがします（笑）。どれだけ勉強をしてもきりがなく、もうギブアップです。

せいぜい、「みなさんが眠《ねむ》らないようにするにはどうしたらいいか」ということぐらいしか考えつきませんので、なるべく眠らせないように話をしたいと思っています。

本日は「アインシュタイン　未来物理学を語る」という題ですけれども、「未来ではなく、過去物理学も分からない」というのが普通《ふつう》でしょう。

アインシュタインは百年ほど前の方ですが、今の人が百年前につくられた物理の理論を読んでも、やはり分からないというのが現実です。これは、実に厳しいことですが、現代は、それだけ学問がいろいろと多様化しているわけです。

実際は学生時代から理系的秀才《しゅうさい》だったアインシュタイン

大川隆法　アルベルト・アインシュタインは、一八七九年に生まれ、一九五五年に七十六歳《さい》で亡《な》くなっています。そして、「二十世紀最大の物理学者」「原子力の父」などと呼ばれています。
一般《いっぱん》的には、エジソンと同様、理系の学問ができなくて悩《なや》んでいる人々を救済する意味も含《ふく》めて、「大して秀才《しゅうさい》ではなかった」という噂《うわさ》が流布《るふ》されています。

エジソンは小学校一年生で中退しましたし、アインシュタインは受験期に勉強ができなかったと言われていますが、アインシュタインについては、「実際には、必ずしもそうではなかった」と弁護する向きもあります。

十八歳から入学資格があるのですが、彼は、十六歳のときに大学受験資格を取り、チューリッヒ工科大学の入学試験を受け、一回目に受験したときは落ちたものの、翌年《よくとし》に合格したので、結局、今で言えば〝一年飛び〟で大学へ入ったかたちに

チューリッヒ工科大学　ヨーロッパ有数の工科大学。アインシュタインをはじめ、これまでに21人ものノーベル賞受賞者を輩出している。

なります。

そのように、一般的な意味で「勉強ができなかった」というわけではないらしいことは分かっていますので、「鈍才《どんさい》だった」というのは、それほど当たっていないかもしれません。

また、成績も、入ったころはそれほどでもなかったようですが、後半にはだんだんよくなっていき、数学等は特によい成績が出ています。

今から百年以上も前のことですが、当時の成績表がよく写真で紹介《しょうかい》されているので、「お気の毒だな。本当に、天才にはなりたくないものだ」と思います（笑）。

「こんな成績を取っていた」と、学校の成績表が公開されているのは、本当に気

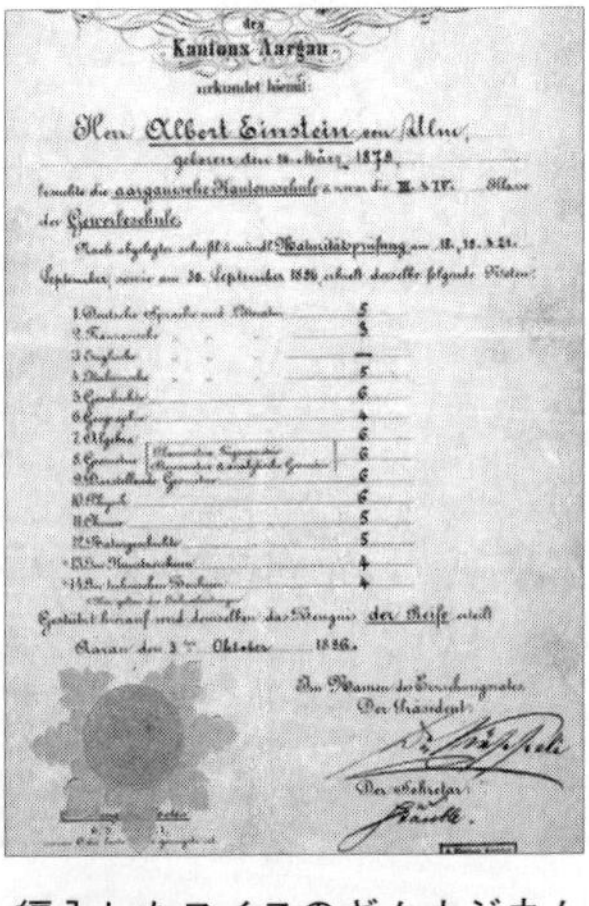
des
Kantons Aargau
urkundet hiemit:
Herr Albert Einstein

編入したスイスのギムナジウム校（中高一貫９年制の学校）の卒業証明書（1896 年）

の毒なことです。

ただ、数学等にAランクの成績が付いているのが救いだと、つくづく思います し、一般には「秀才」と判定されていいぐらいの成績にはなっているようです。

それ以外の語学などは、よく見るとCのような形の数字もけっこう並んでいる ような気がしないわけではありませんが、全般的に、「理系的には秀才と見てい いのではないか」という成績です。

ただ、チューリッヒ工科大学で言う「秀才」が、どの程度かについては私には 分かりませんが、おそらく地元では一流だと思われます。

ニュートンやガリレオの理論に大変更《へんこう》を加えた天才

大川隆法　アインシュタインは、十六歳のころに白昼夢《はくちゅうむ》のようなものを見たら しいのですが、不思議なことに、それが二十六歳ぐらいまでの間に論文となり、次々と実現していくのです。

このあたりが面白《おもしろ》いと思います。十六歳の少年が見た白昼夢のようなものが、論文として次々と出来上がり、二十世紀の大発見になっていくわけです。

そのようなことを思えば、「天才」と言われても異論がないところでしょうけれども、本人としては、「自分は好きなことに、人よりも少し余分に熱心に取り組んだだけであって、天才ではない」と、やはり言い張っています。

その気持ちは、多少分からなくもありま

ガリレオ（1564 ～ 1642）
当時主流だった天動説に異を唱え、地動説を主張して有罪判決を受けた。

ニュートン（1643 ～ 1727）
万有引力の法則を発見、古典力学や近代物理学の祖となった。

せん。だいたいそんなものだろうと思うのです。

本人にとっては、一般の人が理解できないような、マイナーで変わった課題に、取り憑《つ》かれたように取り組んでいただけのことですので、「世間《せけん》で活躍《かつやく》している人のほうが、よほど偉《えら》いのではないか」と思っていたのではないでしょうか。

ですから、それは単なる謙遜《けんそん》だけではなく、実際にそう思っていたことなのではないかとも感じられます。

ただ、彼の業績を私が要約するのはかなり苦しいところもあり、ＨＳＵでゆっくり教えるといいのではないかと思います。

「アインシュタインは、大天才のニュートンがつくった物理学や、ガリレオがつくった力学に、大変更《へんこう》を加えた方である」というように、私は理解しています。

相対性理論は物質運動の外側にある「観察者の目」を入れた理論

大川隆法　ニュートン力学の基本的な考え方は、私たちが視覚で見て感じる、常識的に感じるような物理法則で出来上がっていると思いますが、アインシュタインは、それに関して、異質な目を一つ入れました。すなわち、「観察者の目で見る」という視点を入れたわけです。

相対性理論については、「相対性って何？」という感じで、難しくてよくは分からないのですが、「観察者の目」を入れて、他人様《たにん》がしていることや、動いている様子などを見るような感じだと思います。これは、ニュートン力学のほうにはない目がもう一つあるということです。

それを文科系および世間一般の人々に分かるぐらいのレベルで話すとすれば、例えば、東京から大阪《おおさか》へ、西に向かって走っている新幹線の一両を借り切り、一般人は入らないようにして、プロ野球選手のダルビッシュ投手がキャッチボールを始めるとしましょう。

もし、新幹線の速度が時速百五十キロ出ているところで、ダルビッシュ投手が進行方向に時速百五十キロの球速で投球練習をしたら、どうなるでしょうか。少なくとも、新幹線のなかでキャッチボールをしている二人には、ピッチャーが百五十キロの球を投げているように思えます。しかし、それを外から見る観察者が、空中で静止するＵＦＯに乗った宇宙人のように観察してみると、実は、二倍の速度である時速三百キロで球が飛んでいるように見えます。それは、見たこともないような速度でダルビッシュ投手が投げているように見えるということです。

逆に、その大阪へ向かう新幹線のなかで、進行方向とは逆の東京のほうにダルビッシュ投手が投げるとしましょう。

その場合、時速百五十キロで走っている新幹線のなかで、ダルビッシュ投手が

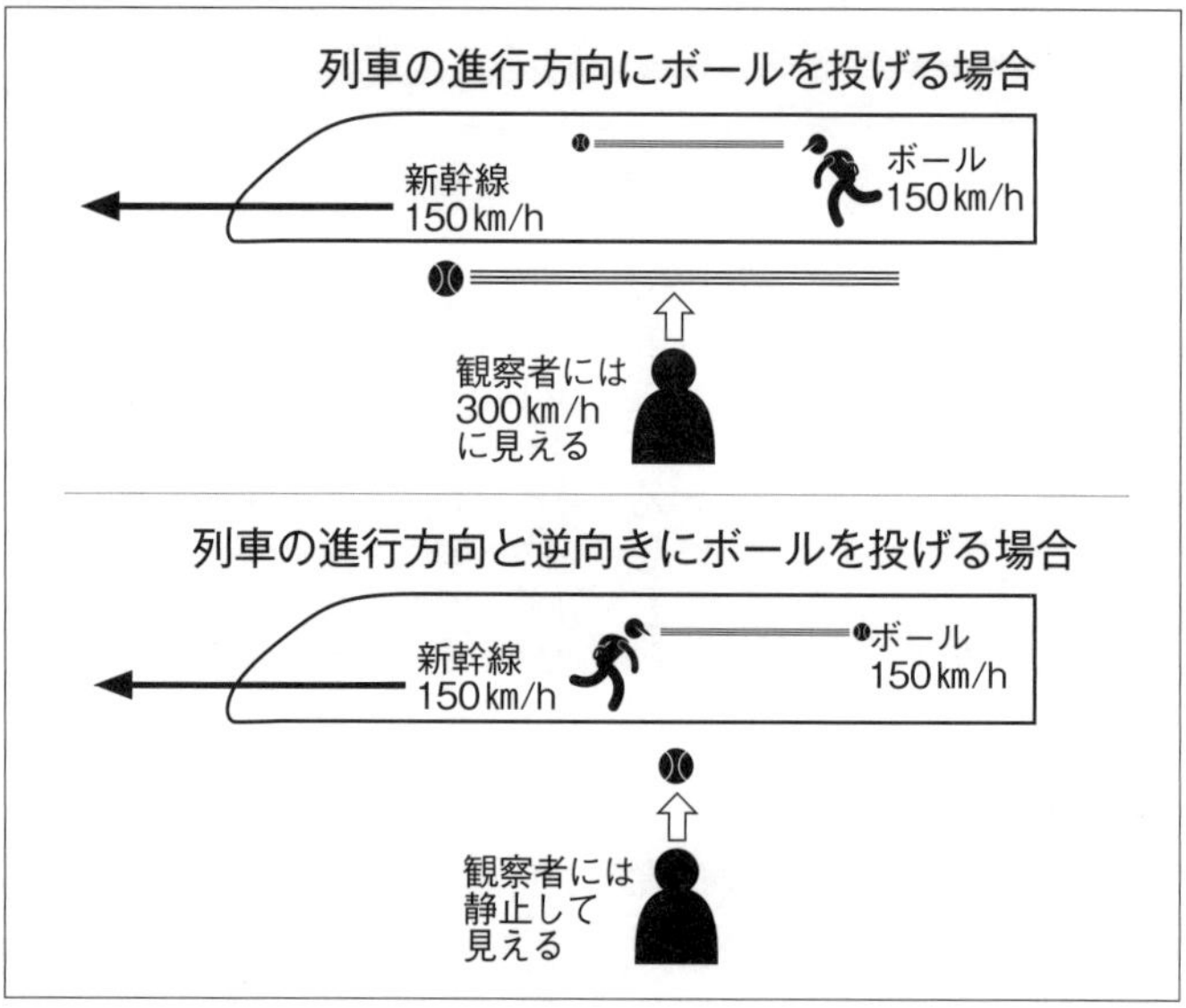

百五十キロの球を投げたつもりであっても、外から見た観察者の目には、球は止まっているように見えます。全然動いていません。「この球は止まっていませんよ」と言うわけです。

しかし、新幹線のなかにいる者にとっては、普通にキャッチボールをしているように見えるのです。もちろん、ガラスが割れたりして、外から風が入ってこないという条件付きです。

そのように、速度が出るものについて、「観察者の目」を別に置いて見ると、視点によって違《ちが》うように見えるのです。

つまり、相対性理論というのは、実際にそれをしている「主体」と「観察者」とでは違うように見えるということであり、簡単に言えば、いろいろなものを観察するときに、「観察者の視点はどうなのか」というところからも考えることなのではないかと思います。

これは素人《しろうと》向けの説明なので、プロフェッショナルは別なことを言うかもしれません。

「ブラックホール理論」とはどのようなものか

大川隆法　なお、最初、特に重力を考えずにできたのが、「特殊《とくしゅ》相対性理論」といわれるものです（一九〇五年発表）。

その後、「重力を加えて考えよう」ということになり、「一般相対性理論」というものがつくられました。これが一九一六年です。

　このように説明しても分かりにくいとは思うのですが、いちばん有名なのは「ブラックホール」についてでしょう。

「アインシュタインの方程式」によれば、「ものすごい重力があると、時空が曲がる。時間も空間も曲がり、光であっても吸い込《こ》まれてしまう。これがブラックホールだ」というわけです。

　例えば、地球を直径一センチ程度のパチンコ玉ぐらいまでギュッと縮めてしまったら、ブラックホールが出来上がります。地球をパチンコ玉ぐらいまで圧縮できれば、時空が曲がるほどのすごい重力が発生し、周りの時間も空間もねじ曲がってくるのです。

　さらに、光であっても吸い込まれていく世界になるため、「ニュートン力学」が通用しない世界が発生するわけです。

それを、彼は理論的に予言していたのですが、実際に、観測風《ふう》によっても証明されました。

このことについては、太陽の日食《にっしょく》を見れば、いちばん分かりやすいでしょう。もし、巨大《きょだい》な重力によって時空が曲がり、光まで曲がるというのであれば、日食のときに何かが起きるはずです。日食とは、地球から太陽を見たときに、太陽に月がかかり、太陽が消えるように見える現象です。

太陽は大きな重力を持っていますので、もし、時空が曲がるのであれば、太陽の裏側にある星が見えるようなことがあるはずです。実際上は、太陽の裏側に来ている星が見えるわけはないのに、日食のときに、それが観察されることがあれば、時空が曲がることが証明できるわけです。

そして、実際に、皆既《かいき》日食のときに、太陽の裏側にある星が観測されたことにより、このことが証明されました。

このように、「ブラックホール理論」など、「一般相対性理論」の世界に入ると、宇宙のほうにつながっていきます。要するに、地上の力学的な問題ではなく、宇宙のほうの話になっていくのです。

そして、宇宙物理学者が次々と〝参戦〟してきた結果、いろいろな新説や珍説《ちんせつ》がたくさん出てきています。もう、新興宗教も〝真《ま》っ青《さお》〟になるぐらい、訳《わけ》が分からなくなるような珍説がたくさん出てきており、これについては分からないものがあります。

「波か、粒か」で議論になった光の性質とは

大川隆法　さらに、注意すべきところがあるとすれば、面白いこととして、「光の性質」についての発見があります。

当時、一般的に、「光は波なのではないか」と思われていたところがありまし

た。「宇宙全体には、エーテルのような、目には見えない何かがあるのだろう。真空《しんくう》で、何もないということはないはずだ。目には見えないけれども、何か均質なもので満たされており、そのなかを光が伝わってくるのだろう」というように考えられていたわけです。つまり、「光は波として伝わってくるのだろう」と思われていたということです。

ところが、アインシュタインは、「いや、波ではなく、これは粒《つぶ》だ」という意見を出しました。それが、「光量子《こうりょうし》」という考え方です。

その後、「波か、粒か」ということで、かなり議論は分かれ、最終的には、「波でもあり、粒でもある。両方の性質を持っている」という、余計《よけい》に訳の分からない結論になるのですが、ここは、一つ議論になったところでもあります。

いずれにせよ、科学者たちが、「エーテルのようなものが宇宙にも地球上にも満ちている」と思っていた時代もあったのです。私の子供時代にもそのような話を読んだ覚えはあるので、こうした考えが蔓延《まんえん》していたときもあるのでしょう。

しかし、実際にそういうものがあるわけではありません。そういうものが何かなければ、波としては伝わってこないので、「何もない」ということは、やはり、「粒であれば飛んでいく」ということになるのでしょう。

もう一つ、「光は波か、粒か」を確かめる実験としては、次のようなものもあります。

波であった場合、壁《かべ》のような障害物にぶつかったら、当然ながら、直進できずに回り込んできて、波状《はじょう》になっていきます。

一方、粒であった場合は、大きさにもよりますが、障害物を通過してくることもあるでしょう。

そういうことを実験したところ、最終的には、両方の性質を持っていることにはなったのですが、このあたりについては理論的に議論があるところです。

例えば、船に波が当たれば、波はそれを越《こ》えられません。この波を光としたら、船の反対側には影《かげ》ができるはずでしょう。ところが、実際上、影ができないわけです。そこで、「やはり、粒子《りゅうし》としての性質があって、通過してくるのではないか。小さな粒子として通過するのではないか」という意見もあったわけです。

ただ、議論の結果、「両方の性質を持っているらしい」というような結論が出てきました。

なお、量子力学が発展しましたけれども、その始まりのほうには、アインシュタインが、「光は粒だ」と述べたところがあります。流れ的には、そこから量子力学が発展していくのですが、アインシュタインはその後、量子力学から距離《きょり》を取るようになりました。論争が出てきて、分かれていくようなところがあったようです。

このあたりについては、私も事情はよく分かりませんが、おそらく、ハッピー・サイエンス・ユニバーシティ（HSU）のほうでいろいろと勉強なされるのではないかと思います。

平和運動で「二パーセント理論」を提唱したアインシュタイン

大川隆法　ほかに述べておくべきこととしては、有名な「E=mc²」の公式があります。「質量とエネルギーは等価《とうか》である」という非常に簡単な方程式です。

要するに、彼がこれを発見したことにより、「この世にある物質は全部、エネルギーに換《か》わるものであり、エネルギーは物質に換わりうる」ということが、いちおう、方程式として出来上がってしまったわけです。

また、アインシュタインはよく、「原爆《げんばく》の父」と間違われるのですが、彼自身が原爆をつくったのではありません。原爆のもとになる「考え方」をつくったわけです。つまり、「プルトニウムが爆発し、巨大なエネルギーを生む」という理論的根拠《こんきょ》は、「$E=mc^2$」にあるからです。

実際に原爆をつくったのは、オッペンハイマーなど、「マンハッタン計画」に携《たずさ》わった人たちであり、アインシュタインがつくったわけではないのですが、そのように誤解されている面はあります。

例えば、第一次大戦のころは、非常に悲惨《ひさん》な戦争だったため、アインシュタインは戦争反対の平和論者として、「二パーセント理論」というのを提唱しました。これは、「全世界の国の人たちのうち、二パーセントが兵役拒否《へいえききょひ》をしたら、戦争が起きない」という考えです。

要するに、二パーセントの人が兵役を拒否すると、どこの国も刑務所《けいむしょ》に人が溢《あふ》れて収容できなくなるため、戦争ができなくなるというわけです。「2％」と書いたネームプレートのようなものをつけて、みんなでデモをしたりする平和運動をしていたようですが、これは、第一次大戦中のころかと思います。

なぜ平和運動と袂《たもと》を分かつようになったのか

大川隆法　●ロマン・ロランという文豪《ぶんごう》とも組んでいたのですが、やがて袂《たもと》を分かつようになります。ロマン・ロランのほうからは、「やはり、理系の学者は駄目《だめ》だな。信念がなくて」というような感じで言われるのですけれども、アインシュタインは考え方を変えたのです。

なぜ変えたかというと、ヒットラーの登場によります。アインシュタインは、長くドイツで過ごしており、ドイツ語がいちばん堪能《たんのう》なのだろうと思います。臨終《りんじゅう》の言葉もドイツ語だったようですから、おそらく、そうでしょう。

ただ、ヒットラーが台頭《たいとう》し、知り合いたちが次々と虐殺《ぎゃくさつ》されていくのを見て、「これは大変なことだ」と、アメリカに亡命するのです。

●ロマン・ロラン（1866～1944）　第一次世界大戦時、フランス・ドイツ両国に戦争中止を訴えた、ノーベル文学賞受賞作家。アインシュタインとは平和主義者同志で長く交流が続いたが、アインシュタインの「兵役拒否だけでは戦争は終わらない」という意見に反発し、関係が途絶えた。

　また、平和運動をしていたのですが、ヒットラーが原子爆弾《ばくだん》を研究しているということを知り、「あの悪魔《あくま》の権化《ごんげ》のようなヒットラーに、先に原子爆弾を持たれたら大変なことになる」と考えます。そして、科学者たちがフランクリン・ルーズベルト大統領に、「アメリカのほうも研究を進めるべきだ」という手紙を出す際、それに署名を書いたということが、後々《あとあと》まで語られているわけです。

　実は、戦後、アインシュタインがこの署名をしているところを、もう一度、わざわざ演技をさせて撮影《さつえい》したものを流されたりもしてはいるので、彼が主唱《しゅしょう》したようにも聞こえてはいますが、実際には、主唱者ではなく、「名前を書いてほしい」ということであったようです。

フランクリン・ルーズベルト
(1882 ～ 1945) アメリカ合衆国
第 32 代大統領。

ともかく、「ヒットラーのほうが先に原子爆弾を持つというのは、絶対にまずい」ということで、平和論者だった彼も、「私だって戦うことはあります。私が戦うときは、敵が私や私の家族を殺そうとしているときです。そのときは、私だって暴力をもって戦います。その場合は、許される戦いだと思います。それ以外の戦いは肯定《こうてい》しません。ただ、私と私の家族が殺されるのを黙《だま》って見ていることはできません」というようなことを言っています。

彼はユダヤ人であり、実際、彼の身内はヒットラーによって殺されています。

原子爆弾《ばくだん》を投下された日本に対する思い

大川隆法　そういうこともあり、「ヒットラーより先に核《かく》兵器を開発すべきだ」という進言をしたことになってはいるのですけれども、現実には、ドイツのほうが先に降伏《こうふく》してしまい、原子爆弾《ばくだん》がドイツに落とされることはなく、日本の広島・長崎《ながさき》に落とされることになりました。

原爆投下のニュースを聞いたとき、アインシュタインはドイツ語でわめいたようです。私はうまく再現できないのですが、「オーヴェーー！(O weh!)」(ああ悲しい！)という叫《さけ》び声を上げたと言われています。

彼は、戦前、日本に来たこともあり、その際、「神様が日本という国を創られ、遺《のこ》されたということは素晴《すば》らしいことだ」というようなことを述べて、日本をほめているのです。また、日本での人気もすごく高かったのでショックだったのでしょう。第二次大戦後は、また、バートランド・ラッセルなどとも平和運動をしました。そのような流れかと思います。

「未来の物理学」の感触《かんしょく》をつかむことが狙《ねら》い

大川隆法　なお、「E＝mc²」という有名な公式以外にもう一つ、有名な一行の公

●バートランド・ラッセル(1872〜1970)　イギリスの哲学者、論理学者、数学者、貴族。1955年、ロンドンにて、アインシュタインと共に米ソ冷戦に対して、核兵器廃絶・科学技術平和利用を謳った「ラッセル＝アインシュタイン宣言」を発表。

式がありますＩ（アインシュタイン方程式）。私はこれを暗記できていないので説明することはできませんが、理系の人に言わせると、とても美しいシンプルな公式なのだそうです（次ページ参照）。私にとっては何やらよく分からないけれども、左辺と右辺が美しい一行で書かれており、「それによって、宇宙のさまざまな秘密が解き明かせる」というような公式があるそうですが、彼は、そうしたことをめぐっての、いろいろな研究をしていたようです。

ちなみに、相対性理論が一般的によく知られているため、そちらでノーベル物理学賞をもらったのだろうと思われているのですが、実際は、「光は量子である」という光量子《こうりょうし》に関連する光電効果の発見でノーベル賞をもらっています。

また、晩年は、アメリカのプリンストン高等研究所で研究していたということです。

ただ、これは、ほとんどが百年ぐらい前の話であり、「未来の物理学」となる

アインシュタイン方程式

$$G_{\mu\nu} + \Lambda g_{\mu\nu} = KT_{\mu\nu}$$

アインシュタイン・テンソル
時空間の変化を示す

計量テンソル
一時的な時空の構造を示す

エネルギー・運動量テンソル
物質の質量・エネルギーや運動量を表す

アインシュタインが 1916 年の論文で、一般相対性理論の中核をなすとされる方程式を発表した。「物質のもつ重量エネルギーによって、時空がどのように歪むのか？」が示されている。

と、どのようになるかは、さっぱり分かりません。

おそらく、今日は具体的なところまでは行けないと思いますが、インスピレーションないしはイマジネーション、あるいは感想、アイデア、もしくは未来物理学の何らかのヒントというか、感触《かんしょく》のようなものが得られたら、それが理解できる人にとっては参考になり、「ああ、それはこういうことなのではないか」ということを考え、研究することも可能なのではないでしょうか。本日は、このあたりを狙《ねら》いたいと思っています。

どうしても駄目であれば、（聴聞者席《ちょうもんしゃ》を指して）あちらに宇田《うだ》さん（幸福の科学指導研修担当 兼《けん》 精舎《しょうじゃ》活動推進担当常務理事。スピリチュアル・エキスパートの一人）が座《すわ》っていますので……。まあ、「阪大《はんだい》の数学科卒の人に物理が分かるかどうか」は私には分かりませんが、数式を書いてほしいのであれば、場合によっては、あちらのほうに交代してもよいかなとは思います。（宇田に）忘れましたか？ 書けますか？

まあ、数式を書くのも、なかなか大変ですよね。たとえ、そういう霊人《れいじん》が（肉体に）入っても、（数式が）分からない者には分かりません。福山雅治《ふくやままさはる》には書けても、私には、そこまで〝演技力〟がないため、なかなか書けないのです（注。俳優・福山雅治は、ドラマ「ガリレオ」シリーズで物理学科准《じゅん》教授・湯川学《ゆかわまなぶ》役を演じた際、数式を暗記して撮影に臨《のぞ》んでいた）。

概要《がいよう》は、だいたい、そのようなところですが、何となく雰囲気《ふんいき》的なことだけはお分かりになったかと思います。

二十世紀最大の天才物理学者・アインシュタインを招霊《しょうれい》する

大川隆法　では、お呼びしますので、適当に訊《き》いてみてください。ただ、私の内部の〝百科事典〟に入っているものが古くて使い物にならず、大したものが出てこない可能性もありますので、その場合は、「ニュアンス」と「感触あたり」を探《さぐ》り当ててくだされば結構かと思います。

（質問者に）そちらのほうでは（理系の）近藤さんあたりが霊道《れいどう》を開く以外、ほかに方法はありません。きちんとした教科書にしたければ、次は、それしかないでしょう。

まあ、（アインシュタインは）気さくな人柄《ひとがら》で、人生論など、いろいろなことについても語る方です。人生論や宗教論のようなことも、けっこう語る方ですし、政治運動もしているため、かなり幅広《はばひろ》い方であろうと考えています。

それでは、お呼びしますね。

（合掌《がっしょう》し）二十世紀最大の天才物理学者といわれております、アルベルト・アインシュタイン博士《はかせ》をお呼びいたしまして、HSU開学に当たり、理系の学生諸君に対し、何らかの啓蒙《けいもう》になるような、未来物理学のイマジネーション、あるいはビジョンが持てるようなお話をしてくださることを、心の底よりお願い申し上げます。

アインシュタイン博士の霊《れい》よ。

アインシュタイン博士の霊よ。

どうぞ、幸福の科学総合本部に降りたまいて、われらに、お教えを垂《た》れたまえ。

アインシュタイン博士よ。

アインシュタイン博士よ。

どうか、幸福の科学総合本部に降りたまいて、われらに、その教えを述べたまえ。ありがとうございます。

（約十秒間の沈黙《ちんもく》）

アルベルト・アインシュタイン
アインシュタインは、「物理学的な真実は単純で明快なものである」という信念を持っていた。その考えの一端が表れたものとして、「God does not play dice with the universe.」(神は宇宙を相手にサイコロ遊びをしない)という言葉が有名である。また、「神は想像をもってではなく、いつも理性をもって仕事をする」とも語り、科学的探究精神で神の世界の解明に挑み続けた。少し変わったエピソードとしては、役所で出世する方法を質問されたとき、「A=x+y+z」数式で答えたという話が伝わっており、アインシュタイン一流のユーモアを感じさせる(「A= 成功、x= 仕事、y= 遊び、z= 沈黙」を指すと言われる)。

2　宇宙の謎《なぞ》を解くカギとは何か

前回の「アインシュタインの霊言《れいげん》」を振《ふ》り返って

アインシュタイン　うーん。やっぱり、「アインシュタインの証明」はベロを出すことかな。(舌を出しながら) ベーッ (笑) (会場笑)。

近藤　本日は、ご降臨いただきまして、まことにありがとうございます。

アインシュタイン　うーん、うん。

近藤　前回（二〇一二年九月十五日）、ご降臨いただいたときには、日本のなかの反原発運動に対して貴重な警告を頂きました（『アインシュタインの警告――反原発は正しいか――』〔幸福の科学出版刊〕参照）。おかげさまで、現在、原発再稼働《かどう》の方向に動いております。

アインシュタイン　ええ。

近藤　大きな影響力《えいきょうりょく》を頂きまして、本当にありがとうございました。

アインシュタイン　いや、まあ、少し過激だったかなあとは思ったんですけど……。

『アインシュタインの警告』
（幸福の科学出版）

近藤　いえ、いえ、いえ。大丈夫《だいじょうぶ》です。

アインシュタイン　あなたがたにとっては、まあ、かなり過激な運動になってしまったかもしれない。

近藤　あっ、大丈夫でございます。

アインシュタイン　政党（幸福実現党）全員落選の〝原動力〟になったんじゃないかなあ（注。二〇一二年十二月十六日に行われた第46回衆議院議員総選挙の結果を指す）。

●原発再稼働問題　福島第一原発事故以降、現実味の乏しい反原発運動に押され、2012年衆院選では「脱原発」「原発ゼロ」を掲げる政党が大勢を占めるなか、幸福実現党は国家戦略として最も現実的選択である「原発推進」を主張。議席獲得には至らなかったものの、自民党政権も原発再稼働に追随した。

近藤　（苦笑）

アインシュタイン　うーん。「〝特殊《とくしゅ》な相対性原理〟か何かが働いて、別のところが勝って、あなたがたが負ける」というようなことが起きたかな。

ワームホールは「ミミズの穴」のようなものではない

近藤　今回は「未来物理学」ということで、お話を賜《たまわ》れれば、ありがたいと思っております。

アインシュタイン　うーん、なるほど。

近藤　「未来物理」といいますと、やはりＳＦの世界が私たちにとっては思い浮《う》かぶのですけれども……。

アインシュタイン　ＳＦ？

近藤　はい。

アインシュタイン　なるほど。ＳＦか。

近藤　はい。「ＳＦ」といいますと、最近、公開された映画に、「インターステラー」という映画がございまして（二〇一四年公開）。

アインシュタイン　なるほど。なるほど。

近藤　その映画は、「人類が宇宙船に乗って、ワームホールのようなものを使い、ほかの銀河に旅をする」というような設定で描かれていたのですけれども、そうしたワームホールを使うような、あるいは、ほかの銀河に行くような「ＳＦの世界」というのは実現可能なものなのでしょうか。

このあたりから少し、ご感想なりイメージなりをお伺《うかが》いできればと思います。

アインシュタイン　うーん……。「ワームホール」っていうのを、君たちはまだ少し、何かミミズが穴を掘《ほ》っているような感じで……、ミミズが掘った穴を何か移動しているような感じで思っているようだけど。まだ、そうだなあ……、この三次元的な立体感に、かなり支配されてはいるのかなあ。

まあ、そういうふうな、三次元的に、みんなに見えるように、（両手で水槽《すいそう》のかたちを描きながら）こう、水槽のなかに土をたくさん入れて、そこにミミズが穴を掘っているのを外から見て、（右手で穴を辿《たど》るしぐさをしながら）「ここに穴が開《あ》いている」みたいな感じで、もしかしたら、「ワームホール」というのを見ているのかもしれないけれども……。

うーん、私が見るものは、少しそんな感じではないんですよね。説明はうまくはできないんだけど、（正面の祭壇《さいだん》に施《ほどこ》されたアーチ型の装飾《そうしょく》を指さしな

ワームホールやブラックホールの謎

理論物理学者が製作に参加し、アインシュタインの一般相対性理論に基づいてワームホール〈右下〉やブラックホール〈右上〉等の映像化を試みたというSF映画「インターステラー」(2014年公開／パラマウント／ワーナー・ブラザーズ)。

がら）そこには、例えば、天井《てんじょう》のところに、アーチみたいなものがあるじゃないですか。普通《ふつう》は、あれは、真横に引いた直線よりも遠回りになるはずだよねえ。同じように、地球上でも、二つの都市をまっすぐに引いて飛んだら最短だと思うけど、実際は、北半球なら、「少し上の、北の側から回ってアーチを描いたほうが実は短くなる」という。錯覚《さっかく》にやや近いけど、現実はそうなんだよねえ。赤道上を飛ぶよりは、上（北）から行ったほうが近く短くなるような。

こういうふうな、あなたがたの三次元感覚によれば錯覚に見えるようなことが実際にはあるように、三次元空間のなかで、ミミズの穴みたいな感じでワームホールを考えていると、若干《じゃっかん》、違《ちが》う面はあるかもしれませんねえ。

〔以下、ワームホールの説明については、ＨＳＵのみで学べる内容として、一部割愛《かつあい》する〕

「現代物理学」の仮説は「神の目から見た宇宙」を説明できるか

近藤　幸福の科学では、よく「次元構造」という言葉を使いますけれども……。

アインシュタイン　なるほど。ああ、そういう言葉で来るか。

近藤　「高次元」、もしくは、「裏宇宙」などという言葉がありますが、そのようなイメージでしょうか。

アインシュタイン　うーん……。まあ、このへんは、「現代物理学」と「幸福の科学」とが激しく戦っているところかもしれない。もしかしたら、どっちが進んでいるか、今、激しく戦っているんじゃないかなあ。

物理学のほうは、超弦《ちょうげん》理論、ひも理論で、「ひもみたいなものがたくさんあって宇宙が出来上がっている」みたいな理論から、次元構造の理論まで積み上げていって、つくっているんだけど、あなたがたから見たら、たぶんこれは、すごく〝頭の悪い人の理論〟なんだろうね。たぶん、そういうふうに私は推定します。そちらから考えるんだったら、「頭が悪いなあ」と、きっと見ているんだと思う。

あなたがたのほうは、「神の目から見た宇宙」を見ているはずなので、「（物理学の理論に対して）『何《なに》で宇宙ができているか』っていう素材の問題ではない」というように見ていると思うんですね。

あなたがたは、素材から宇宙の構成を見ているんじゃなくて、「宇宙は、頂点にいらっしゃる神のお考えから、『かくあれ』で出来上がってきた」というように、たぶん、見ているはずです。

そのように、「現代の物理学の理論」と「幸福の科学の理論」とは、激しく火

●超弦理論　物質の基本的単位を、点ではなく、1次元の拡がりをもつ弦とする弦理論に、超対称性という考えを加え、拡張したもの。宇宙誕生のメカニズムや、クォークの先の世界を説明する理論の候補として、近年世界の先端物理学で活発に研究されてきている。

花を散らしているわけですね、科学的に。激しく火花を今、散らしているんだと思います。

結論的に言えば、「神様には勝てない」ですよ。「神様には勝てない」ので、神様の思いをどういうふうに“describe《ディスクライブ》”っていうか、記述するかというだけの問題なんですよ。そのために、物理学者は仮説をたくさん立ててるんですけどね。いろいろな仮説を立ててるんだ。奇妙奇天烈《きみょうきてれつ》な仮説をたくさん立てて立てて、もうバカなことを言う。まあ、たくさん言うんですけどねえ。

だけど、最後は、結局ねえ、何にも証明なんかできていやしないんですよ。もう、「ありのまま」なんですよ（笑）。地球も宇宙も「ありのまま」、そのとおり、「あるがまま」なんですよ。

「これをどうやって、いかに分かったように説明するか」という技術を競《きそ》っているだけで、本当は何にも分かっちゃいない。何にも分かっていないんですよ。

「高次元から三次元に介入《かいにゅう》できる」なら、奇跡《きせき》は起きる

アインシュタイン　だから、次元理論を取ってもねえ、それが分からない人……、もうポケッとしている人はいるから、今言った（映画の）「インターステラー」かな？（その製作においては）何だか、「異次元宇宙」と、「この世・三次元宇宙」との関係が分からないあたりのところで、映画をつくっていらっしゃるんだろうと思います。

ところが、「この三次元にいて、四次元、五次元以降の宇宙空間は同時に存在している」という考えから見れば、その映画は、確か、「五次元宇宙に行って、地球に帰ってきた人が、三次元宇宙にいる娘《むすめ》さんに通信できなくて困っているような映画だった」というように聞いていますが、これはたぶん、製作者の勉強不足で、幸福の科学の理論をもうちょっと勉強すれば、もう少し上手な製作ができ

たんだと思うんだ。

要するに、「こっち（この世・三次元）から向こう（四次元以降の世界）に対しては、一般的《いっぱんてき》には影響を与《あた》えることができない」んですけども、「向こうからこちらのほうには介入《かいにゅう》することができる」わけなんですねえ。

だから、高次元宇宙に住んでいる住人が……、これも「すべてがすべて」ではないんですが、やっぱり少し特殊性が出てくるので、条件がまた別に付くことは付くんだけど、「異次元にいる、高次元にいるとはどういうことか」というと、「生卵《なまたまご》があったら、生卵の殻《から》を割らずに、そこに手を突《つ》っ込《こ》んで、なかの黄身《きみ》だけを抜《ぬ》き出す。そして、卵は割れていない」という状態が起きる。

これは、三次元的には、あなたがたは、「そんなことはありえない」とか、基本的に考えます。「そんなことはありえるわけがない。割らないかぎり、絶対に卵の黄身だけは抜けない」と思う。

しかし、「高次元宇宙の人がこの世に干渉《かんしょう》することができる」という理論が立つことができれば、実は、「卵の外側から手を入れて、なかの黄身だけを抜き出して、外に出すことができ、殻は全然、割れていない。しかし、次に卵を割ってみたら、黄身だけがなくなっている」ということが、現実には起きる世界になる。だから、四次元以降の世界が、もし、この世に物理的に干渉することができるとしたら、そういうことは可能になるわけですね。まあ、今は、現実には、それはもう、ごく例外的なものとしてしか出てこないでしょう。幽霊《ゆうれい》だとか、あるいは、そうした異次元からの奇跡《きせき》現象みたいなもので出てくることがある。

「イエスは、本当に空中からパンを出したか。魚を出したか。水をワインに変えたか」、こういうのもいろいろありますけども、「異次元から、この世の物質世界に干渉することが許される条件がはっきりと何かあれば、そういうことが起きる」ということになりますよねえ。

3　相対性理論を超《こ》えた「光速を超える理論」とは

【光速を超《こ》える理論①】次元間を移動する「空間移動」の理論

アインシュタイン　だから、「現実には、宇宙人が地球に来ている」というのは、本当は、私の理論から見れば、要するに「光速より速い乗り物がない」という考えであれば、実際の星の距離《きょり》はすごくありますね。「一光年《こうねん》」というのは、「光速で一年かかる」という距離ですが、そんな近い星はありませんよね。

まあ、数光年ぐらいのところにある星はありますけれども、「実際に人類型の生命《せいめい》が住んでいる」というところを広げていけば、やっぱり、何百光年とか、何千光年とか、あるいは、それ以上のところになっています。

場合によっては、今、見えている星は、「もう、すでになくなっているのではないか。存在していない過去の文明の光を今、見ているんじゃないか」という星もたくさんあるわけですよね。

だから、やっぱり、「光速を超《こ》える道」を発見しなきゃいけない。これが未来物理学の焦点《しょうてん》というか、〝メインロード〟はここだと私は思いますね。

つまり、光速の限界、「光速度は超えることはできない」という宇宙観を乗り越《こ》えていなければ、宇宙間旅行は基本的にはできないはずであるから、「光速を乗り越えるには、どうしたらいいか」ということですが、これは要するに「次元間移動」でしょう、たぶんね。

次元間移動の理論が、やっぱりできなきゃ駄目《だめ》。要するに、「三次元」ということであれば、三次元を光速で移動したんじゃあ、それは行って帰ってくると浦《うら》島太郎《しまたろう》どころじゃない年になって、とてもじゃないけど、行って帰ってこられません。

けれども、もし、「次元間移動ができて、ほかの宇宙に、あっという間に移動するようなことができる」としたら、その時間は、ものすごく短縮されることになりますよね。まあ、こういう考えが一つあります。

要するに、次元間移動して、〝宇宙のセントラルステーション〟を探せば、いろいろな銀河のなかに、必ずセントラルステーションはあると思うんです。ほとんどの銀河に、セントラルステーションは必ずあるので、そのセントラルステーションの位置を見つけることができれば、そこを経由して、ほかの宇宙に出る方法はあると思う。

そのセントラルステーションは、幾《いく》つか、たくさんあると思います。実は、あると思う。これから、未来に発見されていきます。

【光速を超える理論②】過去や未来を移動する「時間移動」の理論

アインシュタイン　それから、もう一つの考えですが、今は、立体的な意味での話、立体宇宙模型のなかでの話を私はしていますけれども、もう一つ、違《ちが》う可能性も考え方としてある。

まあ、「時空《じくう》」という言葉をよく使っていますね。私の理論では、「『時間と空間』というのは個別に存在するものではない」という考えですよね。「時間と空間」というのは連動している。「時空」というのは一体のもので、「時間がなければ空間もないし、空間がなければ時間もない」ということなんですね。

だから、空間があって時間がある。要するに、時空は密接不可分のもので、共に世界をつくっている。「その時空さえ、また次は、重力の理論が加わってくれば、変化してきて、あなたがたが思っているような安定したものではなくなってくる」という。

そうした重力、巨大《きょだい》重力がかかって、宇宙の時空を吸い込《こ》み始めたら、要するに、「時間も空間も、あるいは、光も、いったいどこに次は移動するか」という、ここのところが非常に分からないところですね。

ところが、ここに、もし「時計職人としての神様」「時間をクリエイトしている神様」がいたとした場合、今度は……。

今、言ったように、どちらかと言えば、「空間」を中心に物事を考えましたけども、時間の針を自由に動かせる神様がいた場合、その人は時間のタイマーを設定することで、もう今度は逆に、空間も人も何もかもがパッとその時代に移る。

ちょうど、劇場の舞台《ぶたい》がクルッと回転したら、違うシーンが出てくるように、「時計職人の神様が時間を設定すると、過去にでも未来にでも、瞬間《しゅんかん》的に移動できるとなったら、どうだ」というと、いや、これは実に面白《おもしろ》いお話になりますね。

だから、あなたがたが、「宇宙空間を時間をかけて旅行する」っていう概念《がいねん》、あるいは、現代的には、「睡眠《すいみん》状態に入って、仮死状態で、未来を百年、二百年と漂《ただよ》って、どこかに辿《たど》り着く」みたいなSFがたくさんあるんだろうと思うけど、そういうものじゃなくて、「時計職人の神様が時計を、タイマーを合わせただけで、そのところに移動してしまう」となったら、これはまた面白いことが起きますね。

その時代の宇宙の構造や位置、あるいは、星も移動していますからね。星と銀河も移動していますので、その時代の宇宙図に合わせると、例えば、「この時期には、この銀河、あるいは、この星雲、この星が、いちばん接近しやすい位置にある」という時代を特定することができれば、「それにタイマーを設定すると、極《きわ》めて短時間で、そこに移動することができる」という、まあ、「時間」から考えたら、そういうことが可能になることもありえますね。

「『エル・カンターレの最深部』を引き出せば、千年は安定」

アインシュタイン　本当はね、アインシュタインなんか、もういいんですよ。〝過去の人〟なんですよ。

だから、あなたがたはね、エル・カンターレを〝解剖《かいぼう》〟しなきゃ駄目《だめ》なんですよ、徹底的《てってい》に（会場どよめく）。

で、「死ぬ前に、『エル・カンターレの法』を説く」なんて言っている、こういう〝インチキ〟を許しちゃいけないんですよ。「生きているかぎり、説き続けろ」ということで、もう搾《しぼ》って搾って搾って、ギリギリまでね、言い尽《つ》くさせなきゃ駄目なんですよ。そんな「最後に言う」なんて言ったら、言わずに終わる場合もあるんですからね。

だからねえ、私の「相対性理論」なんか超えた理論をね、絶対、引っ張り出せるんですから。これを引っ張り出すんですよ。

今、あなたがたに必要なのは〝催眠術師《さいみんじゅつし》〟ですよ（笑）。表面意識が起きたまま、もう目が覚めたままでね、物理を説かそうとするから難しく感じるわけでね。もう寝《ね》かせてしまえばいいんですよ、本当に。

寝かせてしまって、潜在《せんざい》意識にアクセスして、本人（大川隆法）は覚えていなくて結構ですから、〝宇宙の最深部〟にまで入って、神様の〝頭脳〟のなかにまで入って、入っているものを全部、引きずり出してくれれば、それは出てきますよ。それを整理する作業があれば、あとは千年ぐらい、もう安定ですよ。

もう抜群《ばつぐん》の……、二番以下に差をつけたマラソンみたいな、ぶっちぎりが始まります。その秘密については、一切《いっさい》、公開しない。「なぜかは知らん。あるとき、啓示《けいじ》が臨《のぞ》んだのであった」みたいな感じで、現代の『コーラン』にしてしまえばいいわけです。現代の〝理系コーラン〟にしてしまって、宇宙の未来の仕組みを明かしてしまえばいいわけですね。

　私が説明できるものには非常に限界があるので、十分にできないけど、たぶん、まだまだ、もっと奥《おく》があります。

　だから、私より、本当は、「エル・カンターレの最深部」を突《つ》っつけばいいんですよ。「最深部」は、まだ出ていないですよ。今、出しているのはね、〝タコの足〟の部分しか出ていないんですよ。出してきているのは、そこまで。本当の、本体の「いちばん中心部分」なんか、まだ全然、出していないですよ。

　これは弟子《でし》としての不明《ふめい》ですよ。もっともっと、ここをねえ、搾り出さなきゃ駄目ですよ。全部、秘密を握《にぎ》っています。絶対、知っている。全部、知っている。だから、これは訊《き》くべきですよ、ここのところをねえ。

近藤　分かりました。その部分を大川総裁にお説きいただけるように、今後、弟子としても、もっと頑張《がんば》っていきたいと思います。

アインシュタイン　そうなんですよ。そうなんです、そう。だからねえ、「理系よいとこ、一度はおいで。優《やさ》しい優しい、こっちの水は甘《あま》いよ」と、一生懸命《いっしょうけんめい》、引きずり込むことが大事です。

大切なことは「未来に人類が必要な真理」を手に入れること

アインシュタイン　そういう意味では、あなたがたのユニバーシティ（ＨＳＵ〔ハッピー・サイエンス・ユニバーシティ〕）に、理系学部（未来産業学部）ができるうじて、なんか出来上がるらしいということは、人類の未来にとっては福音《ふくいん》だと思いますよ。

もう本当に、ごく限られた方々ではあろうけれども、未来を垣間《かいま》見ることが、たぶんできる。来年（二〇一五年）は、（幸福の科学は）「ＵＦＯ映画」もつくるんでしょう？（注。現在、二〇一五年秋に公開予定のアニメ映画「ＵＦＯ学園の秘密」を九作目の作品として製作総指揮している）ねえ。それは、もう明かさなきゃいけない。いよいよ明かさなきゃいけなくなりますね。

だから、あなたがたは、もう「文科省がどうのこうの」とか、「大学がどうのこうの」とか言ってるけど、そんなこと言ってる場合じゃないんだ。必要なことは、「未来に人類が必要とする真理を今、手に入れること」なんですよ。これが大事なことで、そんな「資格」なんて言っているのは、もう普通《ふつう》の人たちにやっ

大川隆法製作総指揮 映画「UFO学園の秘密」（2015年秋公開予定／幸福の科学出版）

てもらえばいいことですのでね。
あなたがたは、乞食《こじき》となって構わないから、お布施《ふせ》のかごだけ出しといて、あとはもう、やるべきことをやればいいんですよ。

近藤　分かりました。ありがとうございます。

「ＵＦＯの原理」を解明できたら大変なことになる

近藤　今、お話にも出ましたが、私どもは、ＵＦＯの映画を今度、二〇一五年につくります。

アインシュタイン　ああ。

近藤　この「UFOの原理」も、今、お話しくださいました「光速を超える原理」を使っているかと思うのですけれども……。

アインシュタイン　うーん。そうなんだよ。これは、やらなきゃいけないねえ。

近藤　はい。

アインシュタイン　これができなき

ゃ、幸福の科学大学じゃない。ユニバーシティ（ＨＳＵ）なのかもしらんけども、まあ、どっちでもいいけどね。

いや、これをやったら、あなた大変なことになりますよ。これを解明できたらね、いやあ、それは大変なこと……。

日本は、もう世界の先進国、最先進国どころではなくて、宇宙での……。要するに、今、世界の大学順位があるけども、そういうようなものではなくて、〝宇宙でのランキング〟入りに次は向かいますからね、ここから先は。これは、すごいですよ。

近藤　ＵＦＯまでは行かなくても、まずは……。

アインシュタイン　いや、行けます。行けます、行けます。

近藤　ああ、ありがとうございます（会場笑）。

アインシュタイン　絶対、行ける。これが本物になってきたら、もう国家のほうの目の色が変わってくるよ、本物になってきたらね。

なぜ宇宙の星は互いの引力でくっつかないのか

鈴木　ＵＦＯをつくるに当たりましては、やはり「重力のコントロール」のところが非常に大事かと思うのですけれども、アインシュタイン博士《はかせ》は重力について非常に専門家でいらっしゃったので、ぜひお教えいただきたいのですが、どうすれば重力を反発するほうに持っていけるのでしょうか。

今、「重力は引力しかない」と言われているのですけれども、どうすれば反発力を生み出せるのでしょうか。そのアイデアについて、何かヒントを頂ければ幸いです。

アインシュタイン　うーん……。「重力は引力しかない」っていう考えが正しいかどうかについては、一定の疑問がないわけでもないんだけどね。それだったら、宇宙の星は、みんな、くっついていかなきゃいけないはずだからね。

まあ、「宇宙の星は、くっついてできた」って言う天文学者もたくさんいるし、そういうことが過去あったかもしれない。「隕石《いんせき》とかが、ぶつかって、寄せられていって大きくなった」っていう星もあるかもしれない。しかし、現時点では、やっぱり宇宙を見たら、まばらな空間のなかにポツポツと星はあるわね。

現実の宇宙には「引力」に反する「遠心力《えんしんりょく》」も働いている

アインシュタイン　だから、これがみんな引力のもとに行ったら、大きなもののところに全部吸い寄せられていくから、だんだん、宇宙は縮まっていくように見えるはずですが、現実はそうじゃないよね。現実は膨張《ぼうちょう》してるように見えてる。少なくとも、そう見えてるわね。

もちろん、昔は、「銀河が幾つかある」というようなことも分からなかったから、考え方が少し違ったかもしれないけど、今は複数の銀河がそれぞれに動きを持ってるので、違う動きを見せてることも計算に入ってるとは思うけど。「宇宙は膨張している」。まあ、これは、だいたいの人が、今のところ合意してる部分ではあるね。だけど、重力・引力しかないなら、宇宙が膨張するって、これは、おかしい。

だから、ビッグバンの仮説も、おかしい。ビッグバンは、重力・引力系の考え方と「反対の動き」であるからね。ビッグバンしつつも、重力だけが働いていったら、広がったあと、またもとに戻《もど》ってこなければいけなくなるねえ。

やっぱり、膨張してるっていうのは納得《なっとく》がいかないものがある。もう一つ、「目に見えない何か」、「力」があるんじゃないかと思われる。

これは、単なる磁石の反発力のような「斥力《せきりょく》」とは違うものだろうと思われる。そういう磁石の反発力的な「斥力」とは違うけれども、引力で引っ張り合いながらも、膨張していくという、もう一つ別の何か、遠心力《えんしんりょく》が働いてることは確かだ。

この「宇宙の遠心力とは何ぞや」というところを、もう一回、訊かなきゃいけない。これが分からないために、「ビッグバンの最初の爆発《ばくはつ》で、宇宙が一瞬にしてバーッと広がった」って言うけど、「本当かねえ?」っていうところはある。やっぱり、これはエル・カンターレに訊いてみないと分かんないねえ、「(ビッグバンが)本当かねえ」っていうのは。

4　「ダークマター」や「裏宇宙」とは何か

なぜ、神様は「二元思考」で宇宙を創ったのか

鈴木　一つには、かつてアトランティス文明を築いたトス神が、霊言《れいげん》で「ダークマター」ということをおっしゃっていまして、物理学者が言うのとは違《ちが》う画期的な説明をなされていました（『トス神降臨《こうりん》・インタビュー　アトランティス文明・ピラミッドパワーの秘密を探《さぐ》る』〔幸福の科学出版刊〕参照）。

『トス神降臨・インタビュー　アトランティス文明・ピラミッドパワーの秘密を探る』（幸福の科学出版）

アインシュタイン　ああ、そうなんですか。まあ、（トス神は）偉《えら》いから、私もよく分かんないけど、神様と物理学者はちょっと違うんですよ。

鈴木　そうなんですか。

アインシュタイン　ちょっと違いがあるんですよね。そうですか。そんなことを言ったか。うーん……。だから、たまには、「釈迦《しゃか》、キリスト、アインシュタイン……」と、こう言われる場合もあるんですけどね。いちおう、物理学者の限界はありまして、聖人に列せられることがあっても、まだ神にはなれないでいるので、分からないんですが。

●トス　約1万2千年前、アトランティス文明の最盛期を築いた万能の指導者。後世、エジプト文明では、学問の神、文学の神、芸術の神、科学の神トート神として崇められた。地球神・エル・カンターレの魂の分身の一人。

「ダークマター」で来ましたかあ……。うーん、「ダークマター」で来た……。

ここはねえ、ダークマターを言ってくるんだったら、やっぱり、まあ、相対性理論とも関係はあるんですけれども、宇宙のあらゆるものが、だいたい二元構造で出来上がっていますよね。「男と女」というような感じにね。「光と影《かげ》」、「凸《とつ》と凹《おう》」、「大と小」、「広いものと狭《せま》いもの」。何でもいいけども、そういうふうな二元的な思考で宇宙が創られてる。二元思考で、できていることが見て取れるよね。だから、神様に問わねばならんことは、「なぜ、二元思考で宇宙を創ったのか」っていうことで、これを問い詰《つ》めなきゃいけないよね。これに、「何の意味があったのか」というところですよ。

すべてを二元思考で捉《とら》えているとしたら、「何かが存在したら、その逆のものが必ずある」ということを考えれば、「未発見のものは何であるか」ということは明らかになる。

神がいれば、今度は悪魔《あくま》がいたりもする。隆起《りゅうき》があれば、沈没《ちんぼつ》がある。そういうものがあるし、この世の中は、そういう二元構造で、すべてが出来上がっているので。

ここの意味だよねえ。これは私も知りたい。なぜ、そうなっているのか。これが、三元構造だったら、どうなるのか。四元構造、五元構造なら、どうなるのか。やっぱり、ちょっと分からない。

仏教的な「老《ろう》・病《びょう》・死《し》」を「ダークマター」で説明したトス神

アインシュタイン　トス神は、「ダークマター」を、いったい何と説明なされたんですか。

鈴木　「ダークマターがあるおかげで、仏教的な『生《しょう》・老《ろう》・病《びょう》・死《し》』の『老・病・

死』が生まれてくる。だから、そこのところをコントロールすると、アンチエイジング（抗《こう》老化）とか、そういうところにもつながる」というようなことを言われていました。

アインシュタイン　ふうーん、なるほど。それはゾロアスター教の「光と闇《やみ》の考え方」「善と悪の考え方」になるし、まあ、宗教で言う根本的なあれだね。二元論的なものから来たものだね。

なるほどね。なるほど、なるほど。それで来たか。うーん、なるほど……。

そうしたら、ダークマター自体も、悪とは言えないものになるねえ、確かに。「夏が善で、冬が悪」というわけではないのと同じように、確かに、「光だけが善で、光じゃないものが悪」というわけではないわねえ。

これは何か、宇宙の〝四季〟をつくる、生成・発展・消滅《しょうめつ》の「宇宙的転生輪廻《てんしょうりんね》の原理」だろうね、たぶんそこにあるのはね。その両極が、「光」と、そうした「暗黒物質的なもの」との、せめぎ合いなんだろうとは思うんだけど。

ここの研究は「科学」と「宗教」が交錯《こうさく》して、実に分からないものではあるんだけども。あなたがたは、たぶん、「善と思うもの、光と思うものは、生命《せいめい》に通じるものだ」というふうに理解しているんだろうと思うんですね。「生命が、光や善に通じている」と考えていて、「生命を枯《か》らすもののほうが、闇とか、地獄《じごく》とか、悪魔とか、そういうものに通じている」というように考えているんだろうと思うんだけども。

宇宙を見るときに、そうした二元的にできているけれども、二元を超《こ》えたものも何か存在しているらしいということは分かるんですが……。

うーん（舌打ち）、トス神を引っ張ってきて、それを調べたほうがいいかもしれないけど、何を考えてるんだろう？　「老・病・死」をダークマターで説明したか……。そう来るかあ。

「裏宇宙」は鏡を何枚も重ねて映し出されたような世界

鈴木　ちなみに、ダークマターというのは、いわゆる「裏宇宙」とか、「反宇宙」とか、そういうものとの関係はあるのでしょうか。

アインシュタイン　いや、そんなの、物理学者は分からないんだよ。分からないで言ってるんだよ（笑）。ほとんど分かりゃしないんだよ。捕《つか》まえて見たわけじゃないからね、そんなものね。

鈴木　ああ。

アインシュタイン　〝白いウナギ〟と〝黒いウナギ〟がいるわけじゃないんで、捕まえて見たわけじゃないんだけど、頭のなかで考えて、そう言ってるんだけどね。

うーん、裏宇宙と次元構造の関係のところも難しいねえ。それも難しいところでね。

裏宇宙……。いや、それはねえ、理論的にはあるよ。

まあ、一つ言えば、鏡だよね。鏡の世界だわね。だから、ここ（総合本部　礼《れい》拝《はい》室）の壁面《へきめん》いっぱいに鏡を貼《は》れば、ここに来てる人たちは全部映《うつ》るわなあ。これは、仏教でも言うと思うけど、鏡を何枚も重ねていったら、無限に、何重にも宇宙がつながっていきますよね（華厳《けごん》の「鏡燈《きょうとう》」の譬喩《ひゆ》）。（質問者の鈴木を指して）あなたは一人でも、百人にでも、千人にでも〝分身〟ができていくよね。

例えば、「このなかの、鏡の奥《おく》のどこかに映っているあなたが、今、地球にいるあなただ」という言い方をされた場合、本当の自分はどこにいるんだか、本人でも分からない。

「私は〝影〟なんでしょうか。それとも、オリジナルなんでしょうか」と言っても分からないように、鏡の世界みたいに、もう一つ向こうの世界が、あっという間に出来上がるんだ。

まあ、これは、「次元構造で別」というのとも違う世界だよね。そういうようなことだから。

だから、光で確かに映るものではあるけど、その向こうに違った世界がもう一つできる。

「神の正体は〝観察者〟だと思う」

アインシュタイン　これが、ある意味での「反宇宙」といえばそうで、宇宙全体を鏡に映すことができれば、「違った宇宙」がもう一つ映って見えるはずだよねえ。

実際、あなたがたは、写真で「逆《さか》さま」に写った世界を、この世の世界として受け入れているんじゃないの？　何かで見たら逆《ぎゃく》になるだろう。何だったっけね。写真かねえ、逆に映るのは？　鏡か？

鈴木　鏡です。

アインシュタイン　ああ、やっぱり、鏡だな。鏡では逆に映る。左右、逆になっている。

だから、「自分の顔を、本当は知ることができない」って言われるね。鏡で（見て）、朝に髪《かみ》をとかして、顔をつくって出てくるけど、ほかの人が見ている顔は、その顔じゃない世界で生きているんだけどもねえ。

まあ、これも同じく、冒頭《ぼうとう》の説明であった「観察者の目」が、どこにあるかにもよると思うんだが。結局、神の正体っていうのは、その「観察者」なんだと、私は思うんだよ。

例えば、エジプトの神殿《しんでん》に描いてある「ホルス神の目」だとか、いろいろ目が出てきますけど、あの目が神なんだと思うんですよね。観察者の目が神なんだと思う。

だから、地球も宇宙も、「どういう目で

古代エジプト神話の「ホルス神の目」とは

エジプト神話に登場する「天空と太陽の神」であるホルス神は、オシリス神とイシス神の子といわれ、その左目「ウジャトの目」は月の象徴、右目「ラーの目」〈上〉は太陽の象徴とされた。左目は、父オシリス神の仇・セト神を討つ際に失われたが、トート神の力によって回復したため、再生の象徴とされた。エジプトのエドフ神殿の壁面にはホルス神〈左〉が刻されている。

見ているか」っていうところで、ダークマターであろうと、裏宇宙であろうと、どの立場で、どういう視点から見ているかによって違ってくるんだと思うんですよね。

ただ、それは難しい論点だねえ。もう、アインシュタインの〝ボロ頭〟では、ちょっと説明しかねる部分があるねえ。もうちょっと、小学生レベルの易《やさ》しい問題にしてくれないかなあ。

もう、神様は教えてくれないことが、いっぱいあるから。分からないんだよなあ。

5　タイムマシンやＵＦＯの原理とは

未来のアインシュタインなら、タイムマシンの原理を知っている？

児玉　今、私は、「仏法真理塾《ぶっぽうしんりじゅく》・サクセスNo.《ナンバー》1《ワン》」で、ＨＳＵの未来産業学部を目指している方をたくさん相手にしています。

アインシュタイン　うん、うん、うん、うん。

児玉　素朴《そぼく》に、「ＵＦＯをつくりたい」とか、「反重力装置をつくってみたい」とか、そういう夢や未来を描いている子たちが、たくさんいます。

その子たちが、そういう発見をしていくためには、どんな修行《しゅぎょう》をしていけばよいのか。また、先ほど、難しい話が続いていましたけれども、単純に、タイムマシンとか、UFOはどのようにつくっていったらいいのか、何かヒントを教えていただければと思います。

アインシュタイン　ああ、タイムマシンは、また別途《べっと》できるよ。『黄金の法』か何かで、三十世紀だか三十一世紀だかにアインシュタインが生まれ変わって、タイムマシンを発明するとか、書いているんだろう？（『黄金の法』『H・G・ウェルズの未来社会透視《とうし》リーディング』〔共に幸福の科学出版刊〕参照）

だから、三十世紀だか、三十一世紀だか知らな

『黄金の法』（幸福の科学出版）

いけど、「三十世紀のアインシュタインよ、出てこい」って呼び出したら、しゃべるだろうよ。まだ生まれていない、〝未来のアインシュタイン〟を招霊《しょうれい》すりゃあいいんだよ。そうして、「あなたの研究では何をしてますか」って訊《き》けば、しゃべる。

これは、今しゃべっている私とは違《ちが》う。今しゃべっているのは、「二十世紀のアインシュタイン」だから、〝お古《ふる》〟なんだよ。やや〝中古品〟なんです。中古品が今しゃべっているから、未来はちょっと遠いけど、「千年後のアインシュタイン」を呼んで訊けば、タイムマシンの原理は、たぶん語るはずですねえ。もし、あなたがたに理解できれば、語れると思うので。タイムマシンについては、「もう一人のアインシュタイン」を呼べば、たぶん解明はできると思います。お

『H・G・ウェルズの未来社会透視リーディング』（幸福の科学出版）

そらくできる。

ただ、まだ時間差が千年あるので、それはよいことかどうかは分かりません。それを解明したら、富士山《ふじさん》が爆発《ばくはつ》するかどうか、それについては、私は知りません。罰《ばち》が当たるかどうかは分からない。分からないんですけど、理論的には可能だと思います。

宗教という特殊《とくしゅ》空間のなかで、それをやることは可能だと思う。ここは、宇宙の次元構造の〝外側〟にありますので。〝別の世界〟なので、できると思います。

一般《いっぱん》社会では、たぶん、そう簡単に、それが出てこないと思いますが、ここではタイムマシンの原理が出せる。

「UFOの原理」の研究には、「工学系の頭脳」が必要

アインシュタイン　「UFOの原理」のほうについては、私は直接UFOのほう

をやっていたわけではないので、そう詳《くわ》しくはないから、ちょっとこのへんは弱いんですけども……。

まあ、ＵＦＯの原理になると、「物理」だけではちょっと足りなくて、「工学」のほうの勉強がもう少し要《い》るようになるので。工学系の天才を要するので、ちょっとだけ私では足りない。私は、お金がかからない、頭のなかで考えるだけで済む方法をよくやっていたので、こちらのＵＦＯの原理になると、工学系の頭脳が少し加わらないと、つくるほうは十分にはできないと思いますけど……。

〔以下、ＵＦＯ航行の原理については、ＨＳＵのみで学べる内容として、一部割愛《かつあい》する〕

宇宙に働いている二つの力――「引力《いんりょく》」と「斥力《せきりょく》」

アインシュタイン　やっぱり、宇宙は結局、〝あれ〟だと思うんですよ。宗教的に言えば、「くっつける力」と「引き離《はな》す力」で出来上がっているわけです。「愛」と「憎《にく》しみ」で出来上がっているんですよ、宇宙はね。はっきり言えばね。「愛」のところが引力《いんりょく》でくっつこうとしているところですが、「憎しみ」のところは斥力《せきりょく》になって、破壊《はかい》して木端微塵《こっぱみじん》にしたり、遠くへ飛ばしたり、消滅《しょうめつ》させたりする力みたいなのが働いている。この二つが働いているとは思うんですけど。

まあ、栄枯盛衰《えいこせいすい》の原理から言えば、両方必要なものなのではあろうと思うし、ブラックホールも、どうも見たら、結局はスクラップ工場みたいなところがあるので。今の、あなたがたのエネルギーの再生やゴミの再生、スクラップの再生工場なんかと同じようなところがあって、宇宙のものを再利用して、もう一回、「別の宇宙」をつくっているようにも見える。

あなたがたが、車なんかのスクラップをやるときに、まずはすごい重力をかけてクシャクシャクシャクシャクシャッと固めているじゃないですか。ねえ？　そうして

〝角《かく》いもの〟をつくって、固めて、それを次の東南アジアとかに売って、そこでまた加工処理をしたりしているみたいだけど。ああいうふうな感じで固める。要するに、体積を小さくすることでスクラップ化を進めていますけれども、あの力が一定以上加わると、何か別のものができるような気がするんですよね。

だから、〝あれ〟でしょう？　実際上、お金がかかるから、なかなかうまくはいっていないけれども、一部、実用化しているものはあれでしょう？　まあ、炭素だよね。

「炭素」と「ダイヤモンド」とは素材が一緒《いっしょ》ですから、石炭なら石炭にものすごい圧力をかければ、理論的には、ダイヤモンドに変わるし、実際上、人工ダイヤモンドみたいなものは、いろんなかたちでできていますから。ああいうふうに、「別の素材」ができるものがあります。

だから、宇宙でも、そういうものが何か起きている可能性はあるので、「別のもの」に素材を切り替《か》えている可能性はありますねえ。

だから、うーん、困ったね。宇宙レベルでの工作機械になると、なかなか、そんな簡単にはつくれないんですけども、星を〝丸ごと処理〟している部門があることは間違いないんだと思うんですよね。星を〝処分〟しているところがある。

ＵＦＯのシステムに関係している「精神エネルギー」

アインシュタイン　宇宙人のところや、ＵＦＯの原理については、やっぱり、おたく様でやっている「宇宙人リーディング」を、文科省に介入《かいにゅう》させないで研究を続けないと。やっぱり、証言をもう少し集めないと分かりかねる部分があってね。

実際に車を運転するように（ＵＦＯを）運転できるようなレベルまで、たぶん行くのだろうと思うんですよね。（宇宙を）航行している人たちは、特殊な人たちばかりじゃないはずなので。車を運転できるレベルでＵＦＯを運転できるレベ

●宇宙人リーディング　地球に転生してきた宇宙人の魂の記憶を読み取ること。あるいは、宇宙人当時の記憶を表面意識にまで引き出してきて、その意識でリーディング対象者に語らせること。

ルまで持ってくるというのは、いったい、どうすればできるのか、知りたいところがだいぶあるんです。

今、分かっているものの一部としては……、「ＵＦＯを回収した」というアメリカのほうの報告によれば、「どうも、ＵＦＯの内部には、ジェット機なんかの内部にあるような機械類がほとんどない」ということが言われているんですよねえ。「手の形を置くようなところぐらいはあるんだけど、計器がない」と言われている。あれでいくと、おそらくは本人の「念動《ねんどう》」というか、「テレパシー的なるもの」で動かせるようなシステムになっているんじゃないかと言われているんですよね。

だから、このへんの「精神エネルギー」と、内部に内蔵されている「推進エネルギーおよび推進機能」との連動のところなんじゃないかと思うんですね。自動車よりも、もっと内部的に発達したものになっていて、どうも簡単なものになっているらしいということが分かってはいるんですが。

でも、宇宙人の手か何か知りませんが、個人が〝車のキー〟の代わりに自分の手か何かを当てたことで機体は動くけど、ほかの人のものでは動かないとか、何か、そういうふうな認証になっているらしいことは分かっている。

これは、「精神エネルギー」と、実際上の「物理的なエネルギー」との関連のところを、もうちょっと明らかにしないと分からないですねえ。

プルトニウムより良質な「精神作用と反応するエネルギー源」

アインシュタイン　それで、「推進エネルギーのところが、いったい何からできているか」ということですが、私が見たところ、原子力ではないので、もう一段、違ったエネルギーですねえ。〝原子力の先にあるエネルギー〟だと思われます。たぶん、〝原子力の先にあるエネルギー〟で、何だろうかねえ……、このエネルギーは。

まあ、広島で不幸な原爆の爆発がありましたけども、ああいうふうな目に見えて、一部だけで十万人ぐらいが死ぬような爆発というんじゃなくて、もっと巨大《きょだい》なエネルギーを少ないものから取り出せる何かが、あのエネルギーだと思うんですねえ。それに、何か精神作用を加えることで、それが起動してくるような仕組みになっているようには見えますねえ。「ＵＦＯの原理」としてねえ。

まあ、ＵＦＯを多少は霊視《れいし》できるんですけども、なかにはほとんど機械らしいものが見受けられないので、意外にシンプルな仕組みになっているように見えるんですねえ。あと、燃料タンクらしきものがないですねえ。存在してないですねえ。

だから、最低でも、プルトニウムよりも、もっと良質なエネルギー源があると思います。これは、宇宙のほかの星から採《と》れているのか、あるいは、人工的につくり出されたものなのか、まだ、少し分からないんですけど、それは「精神作用と反応するエネルギー源」のはずです。
そのエネルギーが、蒸気機関車と同じで、必ず何か他のものを動かすものにつながっているはずなんですが、二十世紀のアインシュタインとしては、そのへんは、まだ、十分に分かり切らないんです。

鈴木　ありがとうございます。たいへん参考になりました。
今、最後のほうで言われていたのですが、精神に対して感応する……。

アインシュタイン　そうなんです。精神に感応しているみたいなんです。

鈴木　そこがすごく興味深いんですけれども。

アインシュタイン　うん。だから、ときどき〝事故《じこ》る〟んです。ＵＦＯでも落ちるのがあるでしょう？　精神に関係するからです。居眠《いねむ》り運転して、山に激突《げきとつ》したりしているんですねえ、あれ。

鈴木　なるほど。

6　霊言《れいげん》・リーディングの「時空を超《こ》える力」とは

物理学者として関心がある「幸福の科学のリーディング」

鈴木　次元移動を考えたときに、「思いの力」「祈《いの》りの力」というものは高次元に伝わっていると思うのですが、そういった力は、アインシュタイン博士《はかせ》から見て、どのように見えるのでしょうか。

アインシュタイン　うーん。ここ（幸福の科学）も不思議な力なんですが……。暇《ひま》なもので（笑）、ときどき視察させていただいてはいるんですけども。

プレアデスだとか、ベガだとか、ほかの星を透視《とうし》したり、いろいろリーディングなんかしているときがあるようですけれども、そういうときには時空間を完全に超《こ》えています。それで、会話だってたぶんするはずなので。これは物理学者として非常に関心があることです。いったい、どういうふうになっているのかが。だから、「祈りの力」と言いましたけど、祈りとだけ言わないでも、サイコというか、精神作用と言ってもいいかもしれないが、この作用と光速との差がどの程度あるのかが分からない。

この大川総裁のリーディングを見ているかぎりは、一分かかることはないですね。今まで見ててね。一分かかることはほとんどないので。たいてい数秒から三十秒以内ぐらいで、ほとんどのところまで通じているから、この速度はそうとうな速度だと思うんですよ。この速度はどこまで行くのか。

「過去や未来の人間と会話する能力」は何を意味しているのか

アインシュタイン　それと、タイムマシンという機械で、あなたがたは移動することを考えているかもしれないけども、過去に生きている人間と会話するとか、未来に生きてる人間と会話する能力があるというのは、物理学的に見たときに、いったい、どういうことなのか。

「タイムマシンで移動して話をする」というんじゃなくて、ここにいて、千年前の人とか、二千年前の人と時間が止まった状態で話をする。それから未来の人と話をする。あるいは、未来の様子を描写《びょうしゃ》してみせる。「これはいったい何を意味しているのか」ということですね。

場合によってはですねえ、お台場《だいば》のヴィーナスフォートじゃないけど、その天《てん》井《じょう》画のような感じで、宇宙の過去・現在・未来の絵が区分ごとにいろいろ描かれている。今、ここに光が当たったため、あなたがたは現在と思っているだけで、過去もちゃんと絵は描いてあり、未来も描いてある。そういう天井画ということを認識している人にとっては、もしかしたら、それは過去も未来も現在ただいまとして見えるのではないか。対話しようとして〝イヤホン〟を入れたら、「過去の人物」や「未来の人物」と対話ができるような〝装置〟があるのと同じ状態なんじゃないかというふうにも見えるんですよ。

だから、タイムマシンの原理もあるけど、それには機械が要《い》る。しかし、「機械がなくて、過去や未来との対話ができる」という原理のところは実に興味深い。これを数式で表せるかどうかは、私には分からないんだけれども、

東京・お台場のヴィーナスフォート（VenusFort）は中世ヨーロッパの街並みを模したショッピングモール。吹き抜けの天井には、「青空」「夕空」「夜空」の３種類の空が一定時間ごとに映し出される。

なんでできるんだろう？　これは不思議だよね。これは不思議ですけど、どうもできるみたいですねえ。

それで、（大川隆法は）何億年も前までリーディングしてくるじゃないですか。あれはいったいどういうことなのか。「現象的には地球は回転しているけど、もしかしたら、ガーッと逆回転するタイムマシンじゃないけど、地球自体が〝タイムマシン〟で、ものすごい速度で〝フィルム〟が逆回しになっていって、昔が見えているようなことがあるんだろうか」というようなことも想像してしまうんですが。

高次元では「過去・現在・未来」が矛盾《むじゅん》しているのか

アインシュタイン　どうしても三次元的な見方でしか見えないので、さらなる高次元になってくると、全然違《ちが》う要素が加わってくるのかなと。われわれが想像できないもう一つ違う次元の……。まあ、映画館で言えば、今、「立体映画」みたいなのが考えられていますけどね。

四次元映画風の……、三次元映画か？　三次元的に映像が出てきたり、音が出てきたり、匂《にお》いが出てきたりするような映画館が今、できてきているように、二次元で観《み》ていたものが三次元になればそうなりますけども、あなたがたの理解できる範囲《はんい》が上の次元になってくると、ちょっと違った要素で理解できるようになるのかどうか。

だから、本当の高次元というのは、もしかしたら、「過去・現在・未来」というのは、「あるけどない。ないけどある」というふうな非常に矛盾《むじゅん》した存在なんじゃないかな。

要するに遊園地の〝回転木馬〟にしかすぎないんじゃないかと。ああいうふうに、ぐるぐる実は回っている。それで、「こっちが過去で、こっちが未来です」と言われたら、「そうかな」と思うけど、「あれ？　今、過去が先に来ましたね」

とか、「未来が後ろからついてきていますね」みたいな感じで回転しているんじゃないかなあ（笑）。そういうふうにも見えるんですよね。

まあ、このへんは物理学の限界があるので、宗教学をもうちょっとちゃんと極《きわ》めたほうがいいかもしれませんねえ。高次元霊を完全に調べ尽《つ》くさないと。（高次元霊は）たぶんしゃべっていないと思うんですよ。（あなたたちが）理解できないと思っているのかもしれないけど、もうちょっと素朴《そぼく》に〝次元別〟の人たちの認識力をチェックしていかないと。どのあたりまで認識しているのかを見て、何の違いがあるのか、次元によって何か違いがあるのかを、明らかにしなきゃいけないのかもしれないですねえ。

まあ、「タイムマシン」と「ＵＦＯ」に関して訊《き》かれても十分に答え切れないんだけど、もし三次元的なものからだけ発想していったら、やっぱり後《おく》れを取るかもしれないので、私なんかの相対性理論と一緒《いっしょ》で、まずは頭のなかでできないといけないのかもしれませんねえ。仮説がね。頭のなかでまず仮説ができて、現実はあとからついてくるものでなければいけないかもしれません。

7　奇跡《きせき》や霊的《れいてき》現象の「方程式」とは何か

物質が消えるときの巨大《きょだい》なエネルギーはどこへ行くのか

アインシュタイン　もう一つ、「$E=mc^2$」の問題にしてもですねえ、まだ分からないところが私にあるんですよ。この世の物質が消滅《しょうめつ》したり、（あの世に）出たりするときには、ものすごい熱量に変換《へんかん》されるはずなんですよねえ。

ただ、霊的《れいてき》世界が加わったとき、要するに宗教（の世界）が加わったときに「物質化現象」や「物質であるものが消えていく現象」、あるいは、「物品引き寄せ」、「瞬間移動《しゅんかんいどう》」というようなことも起きたりすることもあるんですけども、そういう原爆《げんばく》のような強大なエネルギーが三次元には発生しないんですよ。これはいったいどういうふうに物理学的に説明されるべきなのかが、もうひとつ分からないんですよ。

例えば、スプーン曲げみたいなものがありますね。念力《ねんりき》でね。もちろん、「インチキや手品が多い」というのは事実として聞いていますけど、全部がインチキや手品じゃありません。現実にできる人がいることは事実です。そういう超能力《ちょうのうりょく》者がいることは事実です。

ただ、金属が折れる、割れる、そして場合によっては一部がなくなっているということが現実に起きてくる。このときに、例えばスプーンが折れて、その一部の物質が消えるということは、巨大《きょだい》なエネルギーが必ず発生しているはずなんですよ。「その巨大なエネルギーはいったいどこへ行くのか」ということですね。私はこの秘密を十分解き切れていないんですよ。これは必ず出ているはずなんです。

まあ、「ちょっとスプーンが熱くなる」とか、そんなことぐらいは言いますけども、すごいエネルギーのはずなんですよ。これは、その霊界《れいかい》に移動してしまうのか。霊界に移動したら、その熱はいったいどこへ行くのか。

「イエスの奇跡《きせき》」や「ガンが消える奇跡」にも理由があるはず

アインシュタイン　あるいは、逆も言えるわけです。要するに、「空中から物が出てくる」というのは、イエスの奇跡《きせき》ですよね。それに当たるものですが、「空中から物質化現象的に物が出てくる」という場合、これは、その物に匹敵《ひってき》するエネルギーが変換したわけですから、四次元以降の何らかのエネルギーが三次元的物質に変換したものだと基本的には考えられます。

そしたら、どういうエネルギーが、どういうかたちでもって三次元変換したのか。「次元間を超《こ》えた $E=mc^2$ の方程式」は、もうひとつ分からないんですよ。

これは、どういう仕組みでできているのかが……。

鈴木　ある宇宙人リーディングでは、「E=mc²」というアインシュタイン先生の方程式の『場合分け』が必要だ」と言われたことがあります。

アインシュタイン　ああ、なるほど。たぶん、そうだろう。たぶん、そりゃそうだろう。

だけど、これをやらないかぎり、その奇跡のところの説明がつかない。たぶん。だから、肉体の病変が治るのだって同じようなことが起きている。「握《にぎ》りこぶし大のガンが一瞬で消える」というようなことは、生理学的に見ても、物理学的に見ても、医学的にもあってはならないことだけど、現実に消えるという奇跡が起きているように思える。

この握りこぶし大のガンはいったいどこへ行ったんだ。どうやって正常細胞《さいぼう》に入れ替《か》わったのか。これは医者がきょとんとして、「理由は分かりませんが消えました」としか報告はなされないけど、何か理由があるはずなんですね。

この「異次元との交流」、要するに、「物が出たり消えたりする仕組み」は、おそらくＵＦＯが三次元に現れて、異次元空間に移動する原理とも、何か関連が必ずあるはずなんですよね。

「神の創造の原理」と同じエネルギー素粒子《そりゅうし》がある

鈴木　特に、そのエネルギーから物質となって、この三次元に現れるときに、やはり、何か、核《かく》といいますか、きっかけがあるように思うのですが、そこが、いわゆる、「万能素粒子《ばんのうそりゅうし》」のようなものだと思うのです。

アインシュタイン　なるほど。

鈴木　今の素粒子の、さらにもとにある万能細胞のようなもの、いろいろなものに変わっていくようなものがあれば、いろいろと説明できるような気がするのですが、こういったものは何か……。

アインシュタイン　でも、もう分かってる今の素粒子のなかの、いちばん小さな素粒子のレベルより、さらにもとになるものといったら、これが、いわゆる、中国で言うところの「気《き》」ですかねえ。

やっぱり、「気」の正体みたいなものになって、要するに、結局は、「『思いの力』とか『霊的な力』とかいうものの正体を物理学的に証明できるかどうか」っていうことになるんじゃないですかねえ。

鈴木　はい。

アインシュタイン　「気」は、確かにあるみたいですね。実際に、相手の体に触《さわ》らないで、壁《かべ》まですっ飛ばすぐらいの力が出る。そういう「気」っていうものがある。

これは、いったい何なのか？　この力は、いったい何なのか、本当に分かりにくいものですけど、おそらく、目に見えない、何かすごいエネルギー粒子が飛んでるのは確実だと思うんですよねえ。

それから、空手《からて》の名人なんかも、瓦《かわら》を十何枚も二十何枚も割ったり、氷の壁みたいなやつを何枚も破ったりしますけど、普通《ふつう》、物理学的に考えたときに、小指とか掌《てのひら》とかの力でもって、そういうことはできないはずなんですよ。だけど、絶対に割ることができないはずの氷が割れ、瓦が割れますよねえ。

それに、「気」が絡《から》んでると思うんですが、これは、手で割ってるんじゃなくて、実は、精神統一してるときに、ある種の〝衝撃波《しょうげき》〟のような物理的エネルギーが発生してるはずなんですよ。これの測定はできてないはずです。実は、手で割ってるんじゃないんだと思うんですよ。

空手の名人なんか、（手元にある水差しの上の部分を指し）この首のところとか、手でスパッと飛ばしちゃうんでしょ？　普通、そんなことはできないですよ。できるはずがない。

そんなことができてるのは、いちおう手を使っているけど、手の先に、〝霊的な透明《とうめい》な刃物《はもの》〟のようなものが出来上がっているからだと思うんですよ。それで切れてるんだと思うんで、たぶん、実は、今発見されてる素粒子の、さらにもとになるエネルギー素粒子が、何かある。

そして、そのエネルギー素粒子は、実際には、「神の創造の原理」と同じもので、実は、その思いでもって、いろんなものがつくれるんです。

エネルギー変換の「別の公式」を発見すれば「第二のアインシュタイン」になれる

アインシュタイン　今は、たまたま、格闘技《かくとうぎ》的なものとかでそれ（エネルギー素粒子）が現れていて、彼らは、それを、「修練の結果」だと思っているけども、実は、〝違《ちが》っているもの〟があるんじゃないかと思われる。このあたりに、イエスの物質化現象の奇跡等とつながったり、医学的な奇跡ともつながったりしてるものが、必ずあるはずなんですよねえ。

ここが、私の公式の限界を、ちょっと超えている。原爆に置き換《か》えられるようなエネルギーだけの解明、「物質が、そういうエネルギーを出す」っていうだけじゃ、ちょっと甘《あま》い。

だから、「暑さ寒さが出ないかたちのエネルギー変換の公式」が、もう一つあるはず。必ずある。

鈴木　はい。そうですね。

アインシュタイン　もう一つ、別の公式が必ずある。これをつくってください。

鈴木　あ、ええ（笑）。

アインシュタイン　ええ。実は、簡単な公式があるはずです。

鈴木　ああ、そうですか。そういうインスピレーション、ご指導を、ぜひ、ＨＳＵの学生にもしていただければと思います。

アインシュタイン　ええ、ええ。これを発見すれば、次の、「第二のアインシュタイン」になるはずです。

鈴木　はい。確実に……。

銀河間を比較《ひかく》すれば出てくる「進化のレベルの差」

アインシュタイン　「原爆じゃないかたちで、実際に思いを実現できる」っていうのは、やっぱり、すごいことでしょ？

だから、例えば、まあ、パン屋さんは潰《つぶ》れるかもしれないけども、ここで思いを出せば、パンが現れる。「リンゴよ、現れよ」と言ったらリンゴが現れる。それは、神のごとき力ですよね。「なぜ、それが起きるのか」っていうことに対しては、「奇跡」という言葉で表現されるしかないんだけども、しかし、たぶん、原因はある。それは、おそらく、異次元からこの世に現れてくる原理と同じものだろうと思われる。

結局、あらゆるものの唯一《ゆいいつ》の素材は、もちろん、「神の思い」だろうし、そこから出てきた光の素粒子から出来上がってきたものであろうから、「すべてのものはつくることができる」ということですね。

だから、霊界の細工《さいく》師、建築家、あるいは技術者が協力すれば、あらゆるものは、無から有をつくり出すことは、たぶん、できるはずなんです。

この原理を体得することができれば……。まあ、「みんな救世主」か、それは、まずいか。さすがにまずいかもしらんけれども。でも、銀河間の進化レベルを比《ひ》較《かく》してみれば、地球よりも進化してるものは、たぶん、あるはずであるから、そちらでは、もう一段、次元が上まで上がってる可能性はないわけではないので。

「普通の、ちょっと優《すぐ》れた人ぐらい、要するに、大学ぐらいを卒業した人だったら誰《だれ》でも、そのくらいの奇跡は起こせますよ」っていう惑星《わくせい》は、あるかもしれません。ちょっとした秀才《しゅうさい》ぐらいのレベルが、いわゆる九次元以降のレベルまで到達《とうたつ》してる惑星はあるかもしれませんので、そうした、「進化のレベルの差」は、きっと、あるかもね。

いや、もっともっと研究したいなあ。うーん、私より〝頭のいい人〟を出してくださいよ、おたくで。

8　これから「宗教は科学がやる時代」が来る

自分のなかにアイデアがなければ霊的《れいてき》指導は受けられない

近藤　ＨＳＵで、将来性のある天才が、きっと、たくさん現れてきてくれると思います。

アインシュタイン　いやあ、私もユダヤだから、「ユダヤの神」の力を引いた、いろんな人たちが影響《えいきょう》してくれて、助けてくれたんだろうとは思いますけどねえ。

もう、夢うつつで、いろんな指導はしてくれてたんだろうから、それを、この世的な数式だの、いろんなもので表さざるをえなかったんですが、それ以前の段階として、やっぱり、着想というか、アイデアとしての何かがなきゃいけないんです。それをどう“describe《ディスクライブ》”していくかが問題なんで、その前のもの、もとのものが要《い》るんですよ。これに関しては、もう、坐禅《ざぜん》でも何でも構わないけども、とにかく、そのアイデアの部分は取らないと駄目《だめ》だと思うんです。

本当は、宇宙は「アイデアの宝庫」なんです。まあ、精神病院もつくっておいたほうがいいかもしれないし、そっちに行く人もいるとは思うけど……、まあ、その境界線ですけどね。

うーん、いや、これからは、「宗教は科学がやる時代」だと、私は思いますね。ここを乗り越《こ》えなければ、この奇跡《きせき》のところを科学しなければ、やっぱり、駄目だと思います。

「進化する科学」とは「神の奇跡《きせき》」を肯定《こうてい》すること

アインシュタイン　奇跡《きせき》のところを科学できないから、今、科学は、宗教を否定する方向に働いているのですが、これはよろしくないと思います。実はこれは、科学としては退化の方向にあるわけで、神様を否定する方向に動く科学は、「退化する科学」です。

だから、「進化する科学」としては、「神の奇跡」を肯定して、それを証明するほうに働かなきゃいけないんです。これは、「進化する科学」なんですよ。だけど、この「進化する科学」をやってるところはほとんどないので、これをやらなきゃいけない。

もう、未知への挑戦《ちょうせん》ですねえ。「今まで奇跡と思われてることを、いかに明らかに解明していくか」っていうことですよね。

二十一世紀には当然だと思われてることでも、ほんの二百年も前だったら、みんな、もう、信じられないようなことばっかりなんでしょうから。電気なんか、誰《だれ》も理解できなかったでしょ？　まあ、そんなものなので、いや、これは、まだまだやれると思いますねえ。何て言うか、無限の可能性がある。
でも、まずは、頭のなかから始まると思う。アイデアがなければ意味がない。だから、やっぱり、（ＨＳＵのそばの）九十九里浜《くじゅうくりはま》を歩きながら考え抜《ぬ》かなければいけないと思いますねえ。

近藤　ありがとうございます。

「新しい方程式へのヒント」が含《ふく》まれている大川隆法の霊言《れいげん》

アインシュタイン　それと、やっぱり、弟子《でし》としてだね、「大川総裁が死ぬまで、搾《しぼ》れるだけ搾り取る」っていう作戦を、もっと立てなきゃ駄目ですよ。遠慮《えんりょ》しすぎてる。君たちはね、遠慮しすぎている。

九十九里浜に（校舎が）建ってはいるけれども、やっぱり、「海中に棲《す》んでいる生き物を、もうちょっと採取《さいしゅ》しよう」という気持ちを持ってなければいけないねえ。

近藤　分かりました。ちょっと、幹部の方々と相談させていただければと思います（笑）（会場笑）。

映画「永遠の法」で描かれる天上界のアインシュタイン像

映画「永遠の法」（2006年公開／原作・製作総指揮　大川隆法／幸福の科学出版）では、霊界通信機を発明した主人公が天上界でアインシュタインと思われる高級霊と対面するシーンがある。

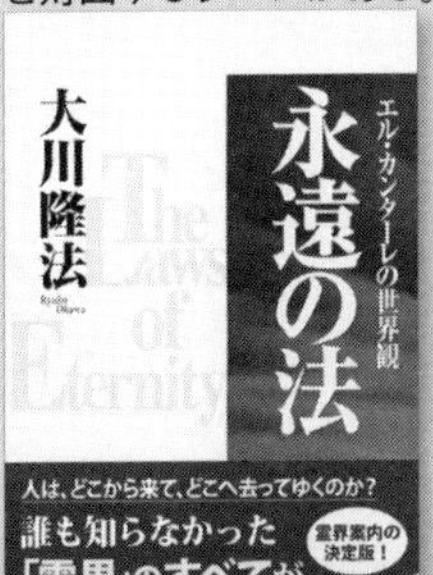

アインシュタイン　もちろん、理科系の方が宗教修行《しゅぎょう》を積むことによって、〝病院〟みたいに入って隔離《かくり》されるのではなく、正当なかたちで、「新しい方程式」を見つけ出すとか、「新しいエネルギーや運動法則」とか、まだ明らかになってない、いろんなものをつくり出していくことが大事です。

総裁が出してるいろんなリーディング、霊言《れいげん》には、そのヒントになるものがかなりあるので、それを、もっともっと具体化していかなければいけないと思います。たぶんねえ、あなたがたのアクセスの仕方を、もう一段研究すれば、もっともっと秘密は明らかになるはずなので、全体のレベルを、もう一段上げないといけないと思うんです。

だから、あなたは、今、〝百年前の人〟と会話してるんですよ。百年近く前の人の頭脳と会話してるから、これじゃあ駄目なんですよ。「未来の人と会話できる頭脳」をつくらなければいけないんですよねえ。

近藤　はい。頑張《がんば》りたいと思います。今後は、宗教と科学を融合《ゆうごう》させて、新しい未来物理をつくり上げてまいりたいと思います。

「神が計画して創った世界の秘密」の説明がＨＳＵの使命

アインシュタイン　いやあ、これをやってあげないと……。だから、そうなんですよ。「理系が宗教を滅《ほろ》ぼした」っていうんじゃ、やっぱり、名折れですよねえ。これじゃあ、「近代」の意味が逆回転しちゃいますよね。

近代は啓蒙《けいもう》の時代で、迷信《めいしん》から離脱《りだつ》したのはいいんだけど。弁証法《べんしょうほう》で言う「正《せい》反合《はんごう》」の、「正」から「反」に行ったんだろうし、これは、「迷信から離脱し、啓蒙の時代に入った」ということなんだろうけど、「合」に行かなきゃいけないんです。

こうした迷信的なものは拒否《きょひ》して、「合理性のある、科学的実証精神に基《もと》づいた真理」を発見するところはいいんだけど、そうは言っても、やっぱり次には、その先にあるもの、つまり、「神様が計画して創られた世界の秘密」を分かるように説明するところまで飛ばなきゃいけない。「正反合」の「合」、弁証法の「合」のところに入るのが、ＨＳＵの使命だと思いますね。

だから、宗教の部分と一体でなきゃいけないのは、ここだと思うんですよ。

今、普通《ふつう》の科学者が、これを大学で研究したら、狂人扱《きょうじんあつか》いされて、たいてい駄目になりますので、それを守らなきゃいけないんですよ。

やっぱりねえ、「変人を許す世界」というのは大事です。そういう寛容《かんよう》な社会をつくらなければ守れません。すぐ批判する〝あれ〟がありますからね。ちょっと、そこから離脱しなきゃいけないですね。

近藤　ありがとうございます。

勇気あるお言葉を頂き、本当にありがとうございました。

教団にも「投資したくなるような説明ができるＰＲマン」を

アインシュタイン　やっぱり、教団にも、変人に予算をつける度量《どりょう》を求めたいですね。

近藤　はい（笑）。ありがとうございます。

アインシュタイン　ええ。だから、そういう意味では、「ＰＲマン」を持ってなきゃいけない。あなたの科学部門であっても、「ＰＲマン」を持ち、ここに未来性があることを、この世的に説明ができて、投資したくなる人が出てくるような〝誘惑《ゆうわく》〟は、やっぱり、喚起《かんき》しなきゃいけない。

近藤　はい。分かりました。

アインシュタイン　こういう、この世的な才能も一部、必要だと思うよ。

近藤　分かりました。

アインシュタイン　自分らだけで考えて、話し合ってるだけでは、「宇宙人が姿を変えたのかなあ」と思われるだけのことで終わっちゃいますね。

近藤　（笑）分かりました。頑張りたいと思います。

アインシュタイン　まあ、十分に言えなかったけど……、いや、まだありますよ。今、出てる科学的真理は、可能な範囲《はんい》から見て、〝蔵《くら》〟のなかに入ってる量から見て、まだ一パーセントも出てませんよ。

総裁が、「（自分は）文系だ」と自己規定して、ちょっと抑《おさ》えてる部分があるので、弟子のほうでも、宗教と科学を融合したレベルの弟子の数が増えてくれば、空間が歪《ゆが》んでき始めますから。そうすると、そういう「科学空間」が出来上がってくるので、自由にしゃべれるようになってきます。

いやあ、「千年後の未来」まで解き明かしてしまいましょう。

近藤　ありがとうございます。

アインシュタイン　ぜひとも。ええ。

近藤　ぜひ、今後とも、ご指導をよろしくお願いしたいと思います。

アインシュタイン　はい。

9　なぜ天才は突如《とつじょ》、生まれてくるのか

理系の世界で着想《ちゃくそう》を得る人は「預言者《よげんしゃ》と似た体質」を持っている

近藤　もう、そろそろ時間のほうが迫って……。

アインシュタイン　（児玉に）あなた、何も言ってないけど、いいのかい？　塾《じゅく》（サクセスNo.1《ナンバーワン》）で終わり？

児玉　はい……。

アインシュタイン　（部署は）もう、塾じゃないのか。今は、大学のほうに行っちゃったのかい？

児玉　（笑）今、サクセス№1には、不登校児なども通ってきていまして、そのなかには、天才性を発揮するような人もいらっしゃいます。

アインシュタイン　なるほど。

児玉　アインシュタイン先生が、生前、アスペルガー症候群《しょうこうぐん》的な……。

アインシュタイン　うん、うん（両手を顔の位置まで上げ、震《ふる》えるようなしぐさをする）。

児玉　（笑）大川総裁からは、そのように聞いているのですが……。

アインシュタイン　ああ……。

児玉　こういった子たちに対して、「天才性」を発揮させる教育をすることについてや、逆に、アインシュタイン先生はご生前、ご自分が、どのような教育を受けたかったかなどを含《ふく》めて、お教えいただければと思います。

アインシュタイン　いやあ、先ほど、「釈迦《しゃか》、キリスト、アインシュタイン」なんて（笑）、ちょっと不遜《ふそん》なことをしゃべってしまいましたけども。

昔であれば、預言者《よげんしゃ》だったり、予知夢を見たり、いろんな夢解《と》きをしたりするような人とかはいっぱいいたと思うんですけども、現代では、意外に、物理学の世界とかで着想を得たりしている人のなかに、そういう人と似たような体質の人がいるんじゃないかと思うんです。ユダヤ人が多いですけどね。

だから、実は、「宗教的素養との関係は本当にある」んだと思うんで、その世界に入って、数学や物理の世界も突《つ》き詰《つ》めていくと、本当に……。

まあ、数学者で、あちらの世界をさまよってた人の話も、「ビューティフル・マインド」とかいう映画（二〇〇一年公開）になっていたかと思うけども、本当に、紙一重《かみひとえ》って言えば、確かに紙一重。非常に難しくて、理解ができない世界に住んでるので。

映画「ビューティフル・マインド」（ユニヴァーサル映画／ドリームワークス／原作：シルヴィア・ネイサー）

才能ある人の頭を平準化していく傾向《けいこう》のある日本

アインシュタイン　うーん。そうですねえ、アスペルガー……。まあ、私も、本当に医者が嫌《きら》いなの。そういうふうに、人を、病名みたいに分類していくじゃないですか。「いろんな種類の人間がいる」っていうだけなんですよ。それを、自分が理解できないだけなんですよ。

自分を「正常人」だと思えば、人が異常に見えるだけであって、異常な人から見たら、それは〝正常〟だし、正常な人が劣《おと》って見えるだけなので。

どちらかといえば、バランスよく、いろんなものができる人を「秀才《しゅうさい》」とか、「ずーっとできる天才」とか言うような気《け》があるんかもしらんけど、鍼《はり》で言ったら、ツボみたいなものを意図して刺激《しげき》して、そこの能力を開花させるような必要はあるんじゃないかと思うんですね。

だから、HSUも、文科省がそんなには介入《かいにゅう》してこないんだったら、それを逆《さか》手《て》に取ってだねえ、「ツボを刺激しまくって、特殊《とくしゅ》な才能のあるやつを、無茶苦《むちゃく》茶《ちゃ》引き伸《の》ばす」っていう手はあるんじゃないかねえ。

あとのところは、ちょっと軽くしてやらないといけないかもしれないけど、才能があると見たら、「特殊エリート教育」はあってもいいんじゃないかねえ。そういう感じはするし、（幸福の科学）学園までついてるんだったら、もう本当は、「飛び級」があっても構わないかもしれないぐらいの気はするけどね。

なんかねえ、日本はちょっと惜《お》しい。みんなを平準化していく傾向《けいこう》があって、才能を持ってる人がいるのに、その頭を均《なら》そうとするの。

要するに、「全教科をある程度やらないと秀才にはなれないから、一流のところに行けなくて、研究もできない」みたいな感じになってるところがあるんだけど、「私みたいに数学と物理ぐらいしかできない人間でも温《あたた》かく受け入れる心」

っていうのは大事ですよ。

文明は波のように上がったり下がったりしながら進んでいる

アインシュタイン　やっぱり、なぜか知らないけど、「才能」っていうのはあるので。まあ、今世《こんぜ》だけの、ここ二、三千年の文明だけを見たら、ちょっと分からないかもしれないけど、もっともっと長い文明を見れば、理数系部門のほうが非常に優《すぐ》れてた文明もあったので、そういう痕跡《こんせき》が出てくるんだろうと思うんですよ。

そういうのが特殊な部分で出てくるわけであるし、「音楽の天才」みたいな人も出てくるけども、モーツァルトだって、日本で言えば、江《え》

モーツァルト（1756～1791）オーストリアの作曲家・演奏家。幼少時から天才性を発揮し、5歳で最初の作曲を行う。ハイドン、ベートーヴェンと並ぶ、ウィーン古典派三大巨匠の一人。

戸《ど》時代の方でしょ？　江戸時代の方がつくった音楽を、いまだにみんなが聴《き》けるなんて、こんなこと考えられますか。ねえ？　ありえないでしょ。ほかのものは、全部、落ちこぼれていってるでしょ。

こういうのは、たぶん昔の時代に、そういう「音楽の世紀」があったわけですよ。文明のなかに、きっと、そういうときがあったに違《ちが》いないんですよ。だから、そういう〝特殊な能力〟が出てきてるんで、数学だって、やっぱり、〝特殊な能力〟なんです。

したがって、宇宙に出ていくことに関しては、今よりももっと〝特殊な能力〟が開花した時代があったはずなんですよ。やっぱり、ここを突き止めないといけないと思うんです。

「今が最高に進化してる」と思ったら、これが間違いで、実際には、文明は、波みたいになってる。波みたいに、上がったり下がったり、上がったり下がったりして進んできてるので、トス神が、そんな怪《あや》しいことを言ってるんなら、ここも匂《にお》うから、もうちょっと、「もし、アインシュタインより偉《えら》いんだったら、証明してもらいたい」とか、何か公開質問状を出すとかですねえ（笑）、「アインシュタインが答えられなかったものについて、答えよ」ということを言ってみたらいい。

もしかしたら、九次元霊《れい》といえども方便《ほうべん》であって、もっと上の神々のところまで伺《うかが》いが立てられるような状況《じょうきょう》になってる可能性もありますからねえ。

ここはまだ、留《と》め置かれてる。あなたがた（質問者）は〝庶民《しょみん》〟だと思われて、バカにされ、放置されてるかもしれないけど、もしかしたら、もっと上までつながってる可能性はあるので。

これは、ニーズをつくれば供給は出てくる可能性はあります。ただ、あなたがたが関心を持たなければ、その供給は出てこない可能性がありますね。

その意味では、発狂《はっきょう》しない範囲《はんい》内で〝妄想《もうそう》〟を膨《ふく》らますことが大事だと思います。そして、その変人を受け入れることが大事です。その変人を「優れている」という目で見るコーチが必要ですね。

（児玉に）あなたにも、そういう素質があるかもしれない。

児玉　ありがとうございます（笑）。

近藤　ＨＳＵを含め、当会の教育機関で、ぜひ、そういう才能の開花を進めてまいりたいと思います。

「第二のアインシュタインを目指したいならＨＳＵへ」

アインシュタイン　まあ、ＨＳＵの近所の日立《ひたち》だとかさ、東芝《とうしば》だとか、それから、ソニーだとかの就職に有利というんだったら、そらあ、そのへんの工学部とか理学部とかに行くことを勧《すす》めたいと思うけども、「第二のアインシュタイン、第三のアインシュタインを目指したいんなら、ＨＳＵにいらっしゃい」ということを、私のほうからは声をかけておきます。

近藤　ありがとうございます。

アインシュタイン　「ここ以外には道がないよ。東大に行っても、全教科勉強してるうちに平凡人《へいぼんじん》になってしまってるよ」と。東大理Ⅲに行ってもノーベル賞は一個も取れないと言われてるけど、そらあ、もう頭が〝すり潰《つぶ》れて〟るからね。

近藤　ほお。

アインシュタイン　全教科やって、もう十分〝潰れて〟るのよ。特殊な才能っていうのは、そんなたくさんはないのよ。何かについて、ものすごい〝ずば抜《ぬ》けて〟ないと駄目《だめ》なので、捨てるべきものを捨てないと行かないんですよ。ここが大事なんですねえ。

近藤　ありがとうございます。

天才性がある人に対して配慮《はいりょ》すべきこと

アインシュタイン　最後に言っとくけど、まあ、(一般《いっぱん》の) 大学のほうは、「単位をこれだけ取っていないから、卒業させない」とか、勝手にいろいろ言うとるけども、文科省があのくらい冷たいんだから、そんなの気にしなくていいよ。

何かについて、ものすごい特殊な能力を持っていて、例えば、「うわあ。あの人は物理では天才で、これとこれで、もう百単位分に当たるな」とか（笑）、そう考えるぐらいのキャパはあってもいいわねえ。ねえ？　ちょっと考えておこうねえ。

全部（単位を）潰さなきゃいけないとなると……。まあ、『黒帯英語』シリーズ（宗教法人幸福の科学刊）は何段まで行くのか知らないけど、「『黒帯英語』が最終まで行かないかぎりは卒業できない」となったら、その理系の天才も〝死ぬ〟かもしれませんからね。やっぱり、そのへんの加減は、もっと自由にしておかないといけないと思うよ。

私だって、ドイツ語が〝母体〟なのに、英語もやってフランス語もやらなきゃいけないとか、ヘブライ語もとか、まあ、いろいろ使ってると、頭を、少し余分に使う面はあるし、その分、ちょっと〝奇行《きこう》〟をして、人間関係で変になることはあるよ。家族とかね、夫婦《ふうふ》関係とか親子関係とかで、うまくいかないようになる部分はある。

だから、負担を減らしてやらないと、天才性のある人はもたないことがあるので、「これは、こういう人でいいんだ。ほかの星には、こんな人もいるんだ」というような目で見てやることが大事かなあと思いますね。

近藤　ありがとうございました。

アインシュタイン　うん。

アインシュタインからインスピレーションを得られる人材とは

近藤　今日は、長時間にわたり、本当に貴重なアドバイスを頂きまして……。

アインシュタインと湯川秀樹の友情など、日本との縁

パトリック・ラフカディオ・ハーン（小泉八雲）の著作を読み、美しい日本への強い憧れを持っていたというアインシュタインは、自宅には東洋の装飾品が飾られ、食器類も東洋のものを使用していたといわれる。
1922 年（大正 11 年）、出版社からの招聘によって来日が実現。1 カ月間にわたり、講演や旅行で全国行脚している。特に京都をはじめとする各地の伝統建築や文化、芸術に非常に感銘を受け、京都御所を「これまで見た建築物のうちで最も美しいものだった」と書き残している。また、「日本人がヨーロッパ人より優れていることをお国の方々はご存じないのです」と手紙に書くなど、このときの滞在によって、日本の伝統に対するいっそう深い感嘆をもたらした。
その後、1948 年に湯川秀樹がアメリカのプリンストン高等研究所の客員教授として着任してからは、二人の天才物理学者同士の交流が始まった。アインシュタインは、不本意な原爆投下に責任を感じ、湯川秀樹の手を握りしめ、涙を流して謝ったといわれる。アインシュタインが亡くなったとき、湯川秀樹は、「先生のヒューマニズムを受け継ぎ、世界平和に貢献することが、われわれの義務である」と追悼文を記している。
（上：1954 年、アメリカ・ニュージャージー州プリンストン高等研究所）

アインシュタイン　（首をかしげながら）ちょっとは参考になったかなあ？

近藤　はい（笑）。本当にありがとうございました。

アインシュタイン　まあ、インセンティブ（誘因《ゆういん》）にでもなればね。

いや、私は生きてないけども〝生きている〟から、総裁を通じて出れるうちは出て。まあ、（聴聞者席《ちょうもんしゃ》のスピリチュアル・エキスパート役の宇田《うだ》を指して）あれに入《はい》れるかどうか試《ため》してもよかったんだけど、入れなかったときに恥《はじ》をかくこともあるからね。

まあ、いずれ、霊格《れいかく》の高い、宗教家でもあり理系の研究者でもあるような人をつくってくれれば、インスピレーションは、もっと降ろしやすいかなと思います。

近藤　ぜひ、よろしくお願いいたします。

アインシュタイン　はい。

近藤　本日は、本当にありがとうございました。

10 アインシュタインの霊言《れいげん》を終えて

「好奇心《こうきしん》」が科学の前提であり、すべての始まり

大川隆法　（手を一回叩《たた》く）はい（再び手を一回叩く）。

まあ、どれだけ学術的な意味があるかは分かりませんが、（アインシュタインが）言っていたとおり、インセンティブになるようなものはあったのではないでしょうか。

やはり、「好奇心《こうきしん》」が科学の前提だと思います。好奇心を持たない人は、研究が何も進まないでしょう。

まずは、変なことを思いついたり、「こんなことをしてみたいなあ」「こんなも

のがあったらいいなあ」と考えたりするところから始まるのです。ドラえもんの〝四次元ポケット〟のようなもので、すべては、「こんなものがあるといいなあ」「こんなことが分かるといいなあ」と思うところから始まっていきます。否定から始まったら駄目《だめ》なのだということです。

さらに、「今、科学が宗教を押《お》し流そうとしているところを、もう一度、弁証《べんしょう》法《ほう》的に、神の下《もと》に戻《もど》さなければいけない。そういう使命がある」ということですね。

使命は大きいですから、頑張《がんば》りましょう。（手を一回叩く）はい。

あとがき

本書を校正し終えて、「まだまだ先があるな」という予感を強く抱《いだ》いた。もしかしたら、千年以上先の科学の領域まで入りこめる可能性を感じたのだ。今世《こんぜ》にて、「エル・カンターレの法」として、天地創造の本当の秘密まで説き明かしたいものだと思う。

それにつけても、今秋公開予定の映画「UFO学園の秘密」に描かれている程度の宇宙知識は常識として受け容《い》れてほしいものだ。この程度の、〈「宇宙の法」パート0《ゼロ》〉でつまずくようでは、一向《いっこう》に先に進めないからだ。「疑問」も大切だが、「疑問」の奥にある「未来の常識」を発掘することの大切さも理解してもらいたいものだ。

二〇一五年　二月十九日

幸福《こうふく》の科学《かがく》グループ創始者兼総裁《そうししゃけんそうさい》
HSU（ハッピー・サイエンス・ユニバーシティ）創立者《そうりつしゃ》　大川隆法《おおかわりゅうほう》

『アインシュタイン「未来物理学」を語る』大川隆法著作関連書籍

『黄金の法』（幸福の科学出版刊）
『アインシュタインの警告――反原発は正しいか――』（同右）
『トス神降臨・インタビュー
アトランティス文明・ピラミッドパワーの秘密を探る』（同右）
『H・G・ウェルズの未来社会透視リーディング』（同右）
『トーマス・エジソンの未来科学リーディング』（同右）

※左記は書店では取り扱っておりません。最寄りの精舎・支部・拠点までお問い合わせください。
『黒帯英語』シリーズ（宗教法人幸福の科学刊）

アインシュタイン「未《み》来《らい》物《ぶつ》理《り》学《がく》」を語《かた》る

2015年2月27日　初版第1刷

著　者　　大《おお》　川《かわ》　隆《りゅう》　法《ほう》

発行所　　幸福の科学出版株式会社

〒107-0052 東京都港区赤坂2丁目10番14号
TEL(03)5573-7700
http://www.irhpress.co.jp/

印刷・製本　株式会社 東京研文社

落丁・乱丁本はおとりかえいたします

ISBN978-4-86395-648-3 C0030

写真：AFP=時事 ／ ZackT ／ AdMeskens ／ Hendrike/Erin-SilverSmith ／
furuken/PIXTA ／ 毎日新聞社／時事通信フォト

大川隆法 霊言シリーズ・未来へのメッセージ

H・G・ウェルズの 未来社会透視リーディング

2100年――世界はこうなる

核戦争、世界国家の誕生、悪性ウイルス……。生前、多くの予言を的中させた世界的SF作家が、霊界から100年後の未来を予測する。

1,500円

公開霊言

ガリレオの変心

心霊現象は非科学的なものか

霊魂が非科学的だとは証明されていない！ 唯物論的な科学や物理学が、人類を誤った方向へ導かないために、近代科学の父が霊界からメッセージ。

1,400円

アインシュタインの警告

反原発は正しいか

原子力の父が語る反原発運動の危険性と原発の必要性――。感情論で暴走する反原発運動に、アインシュタイン博士が警鐘を鳴らす。

1,400円

※表示価格は本体価格（税別）です。

大川隆法 霊言シリーズ・未来を創る発想を学ぶ

ロケット博士・糸川英夫の独創的「未来科学発想法」

航空宇宙技術の開発から、エネルギー問題や国防問題まで、「逆転の発想」による斬新なアイデアを「日本の宇宙開発の父」が語る。

1,500円

湯川秀樹のスーパーインスピレーション
無限の富を生み出す「未来産業学」

イマジネーション、想像と仮説、そして直観――。日本人初のノーベル賞を受賞した天才物理学者が語る、未来産業学の無限の可能性とは。

1,500円

トーマス・エジソンの未来科学リーディング

タイムマシン、ワープ、UFO技術の秘密に迫る、天才発明家の異次元発想が満載！ 未来科学を解き明かす鍵は、スピリチュアルな世界にある。

1,500円

幸福の科学出版

大川隆法ベストセラーズ・宇宙時代の到来に向けて

「宇宙の法」入門

宇宙人とUFOの真実

あの世で、宇宙にかかわる仕事をしている6人の霊人が語る、驚愕の真実。宇宙から見た「地球の使命」が明かされる。

1,200円

トス神降臨・インタビュー アトランティス文明・ピラミッドパワーの秘密を探る

アンチエイジング、宇宙との交信、死者の蘇生、惑星間移動など、ピラミッドが持つ神秘の力について、アトランティスの「全知全能の神」が語る。

1,400円

「宇宙人によるアブダクション」と「金縛り現象」は本当に同じか

超常現象を否定するNHKへの〝ご進講〟

「アブダクション」や「金縛り」は現実にある！「タイムスリップ・リーディング」によって明らかになった、7人の超常体験の衝撃の真相とは。

1,500円

幸福の科学出版

大川隆法シリーズ・最新刊

「日本超古代史」探究 〝月読命《つくよみのみこと》〟とは何者か

天照大神や須佐之男命に並ぶ「三貴神」の一人、月読命。歴史の表舞台から消えた「月の女神」が語る、その霊的役割とは。記紀 1300 年後の新章。

1,400 円

イスラム国〝カリフ〟バグダディ氏に直撃スピリチュアル・インタビュー

「イスラムの敵になることを日本人は宣言した」――。「イスラム国」が掲げる「正義」の真相を徹底解明。これに日本と世界はどう応えるのか？

1,400円

俳優・香川照之のプロの演技論 スピリチュアル・インタビュー

多彩な役を演じ分ける実力派俳優に「演技の本質」を訊く。「香川ワールド」と歌舞伎の意外な関係など、誰もが知りたい「プロの流儀」に迫る。

1,400円

※表示価格は本体価格（税別）です。

大川隆法「法シリーズ」・**最新刊**

智慧の法

法シリーズ
第21作

心のダイヤモンドを輝かせよ

現代における悟りを多角的に説き明かし、
人類普遍の真理を導きだす――。
「人生において獲得すべき智慧」が、
今、ここに語られる。
著者渾身の「法シリーズ」最新刊

2,000円

第１章　繁栄への大戦略
――一人ひとりの「努力」と「忍耐」が繁栄の未来を開く
第２章　知的生産の秘訣　――付加価値を生む「勉強や仕事の仕方」とは
第３章　壁を破る力　――「ネガティブ思考」を打ち破る「思いの力」
第４章　異次元発想法　――「この世を超えた発想」を得るには
第５章　智謀のリーダーシップ　――人を動かすリーダーの条件とは
第６章　智慧の挑戦　――憎しみを超え、世界を救う「智慧」とは

幸福の科学出版

学部のご案内

人間幸福学部

人間学を学び、新時代を切り拓くリーダーとなる

人間の本質と真実の幸福について深く探究し、
高い語学力や国際教養を身につけ、人類の幸福に貢献する
新時代のリーダーを目指します。

経営成功学部

企業や国家の繁栄を実現し、未来を創造する人材となる

企業と社会を繁栄に導くビジネスリーダー・真理経営者や、
国家と世界の発展に貢献し
未来を創造する人材を輩出します。

未来産業学部

新文明の源流を創造するチャレンジャーとなる

未来産業の基礎となる理系科目を幅広く修得し、
新たな産業を起こす創造力と企業家精神を磨き、
未来文明の源流を開拓します。

校舎棟の正面

学生寮

体育館

住所 〒299-4325 千葉県長生郡長生村一松丙 4427-1
TEL.0475-32-7770

Noblesse《ノーブレス》 Oblige《オブリージ》

「高貴なる義務」を果たす、
「真のエリート」を目指せ。

幸福の科学学園
中学校・高等学校（那須本校）

Happy Science Academy Junior and Senior High School

「私は、
教育が人間を創ると
信じている一人である。
若い人たちに、
夢とロマンと、精進、
勇気の大切さを伝えたい。
この国を、全世界を、
ユートピアに変えていく力を
出してもらいたいのだ。

（幸福の科学学園 創立記念碑より）

幸福の科学学園 創立者
大川隆法」

幸福の科学学園（那須本校）は、幸福の科学の教育理念のもとにつくられた、男女共学、全寮制の中学校・高等学校です。自由闊達な校風のもと、「高度な知性」と「徳育」を融合させ、社会に貢献するリーダーの養成を目指しており、2015年4月には開校五周年を迎えます。

Noblesse《ノーブレス》 Oblige《オブリージ》

「高貴なる義務」を果たす、
「真のエリート」を目指せ。

幸福の科学学園
関西中学校・高等学校

Happy Science Academy Kansai Junior and Senior High School

私は日本に
真のエリート校を創り、
世界の模範としたい
という気概に満ちている。
『幸福の科学学園』は、
私の『希望』であり、
『宝』でもある。
世界を変えていく、
多才かつ多彩な人材が、
今後、数限りなく
輩出されていくことだろう。
（幸福の科学学園関西校 創立記念碑より）

幸福の科学学園 創立者
大川隆法

滋賀県大津市、美しい琵琶湖の西岸に建つ幸福の科学学園（関西校）は、男女共学、通学も入寮も可能な中学校・高等学校です。発展・繁栄を校風とし、宗教教育や企業家教育を通して、学力と企業家精神、徳力を備えた、未来の世界に責任を持つ「世界のリーダー」を輩出することを目指しています。

幸福の科学学園・教育の特色

「徳ある英才」の創造

教科「宗教」で真理を学び、行事や部活動、寮を含めた学校生活全体で実修して、ノーブレス・オブリージ(高貴なる義務)を果たす「徳ある英才」を育てていきます。

体育祭

天分を伸ばす「創造性教育」

教科「探究創造」で、偉人学習に力を入れると共に、日本文化や国際コミュニケーションなどの教養教育を施すことで、各自が自分の使命・理想像を発見できるよう導きます。さらに高大連携教育で、知識のみならず、知識の応用能力も磨き、企業家精神も養成します。芸術面にも力を入れます。

探究創造科発表会

一人ひとりの進度に合わせた「きめ細やかな進学指導」

熱意溢れる上質の授業をベースに、一人ひとりの強みと弱みを分析して対策を立てます。強みを伸ばす「特別講習」や、弱点を分かるところまでさかのぼって克服する「補講」や「個別指導」で、第一志望に合格する進学指導を実現します。

授業の様子

自立心と友情を育てる「寮制」

寮は、真なる自立を促し、信じ合える仲間をつくる場です。親元を離れ、団体生活を送ることで、縦・横の関係を学び、力強い自立心と友情、社会性を養います。

毎朝夕のお祈りの時間

幸福の科学学園の進学指導

1 英数先行型授業

受験に大切な英語と数学を特に重視。「わかる」(解法理解) まで教え、「できる」(解法応用)、「点がとれる」(スピード訓練) まで繰り返し演習しながら、高校三年間の内容を高校二年までにマスター。高校二年からの文理別科目も余裕で仕上げられる効率的学習設計です。

授業の様子

2 習熟度別授業

英語・数学は、中学一年から習熟度別クラス編成による授業を実施。生徒のレベルに応じてきめ細やかに指導します。各教科ごとに作成された学習計画と、合格までのロードマップに基づいて、大学受験に向けた学力強化を図ります。

3 基礎力強化の補講と個別指導

基礎レベルの強化が必要な生徒には、放課後や夕食後の時間に、英数中心の補講を実施。特に数学においては、授業の中で行われる確認テストで合格に満たない場合は、できるまで徹底した補講を行います。さらに、カフェテリアなどでの質疑対応の形で個別指導も行います。

4 特別講習

夏期・冬期の休業中には、中学一年から高校二年まで、特別講習を実施。中学生は国・数・英の三教科を中心に、高校一年からは五教科でそれぞれ実力別に分けた講座を開講し、実力養成を図ります。高校二年からは、春期講習会も実施し、大学受験に向けて、より強化します。

詳しい内容、パンフレット、募集要項のお申し込みは下記まで。

幸福の科学学園 関西中学校・高等学校

〒520-0248
滋賀県大津市仰木の里東2-16-1
TEL.077-573-7774
FAX.077-573-7775
[公式サイト]
www.kansai.happy-science.ac.jp
[お問い合わせ]
info-kansai@happy-science.ac.jp

幸福の科学学園 中学校・高等学校

〒329-3434
栃木県那須郡那須町梁瀬 487-1
TEL.0287-75-7777
FAX.0287-75-7779
[公式サイト]
www.happy-science.ac.jp
[お問い合わせ]
info-js@happy-science.ac.jp

仏法真理塾

サクセスNo.1

未来の菩薩を育て、仏国土ユートピアを目指す！

サクセスNo.1 東京本校（戸越精舎内）

仏法真理塾「サクセスNo.1」とは

宗教法人幸福の科学による信仰教育の機関です。信仰教育・徳育にウエイトを置きつつ、将来、社会人として活躍するための学力養成にも力を注いでいます。

「サクセスNo.1」のねらいには、「仏法真理と子どもの教育面での成長とを一体化させる」ということが根本にあるのです。

大川隆法総裁　御法話「『サクセスNo.1』の精神」より

塾生募集中!

仏法真理塾「サクセスNo.1」の教育について

信仰教育が育む健全な心

御法話拝聴や祈願、経典の学習会などを通して、仏の子としての「正しい心」を学びます。

学業修行で学力を伸ばす

忍耐力や集中力、克己心を磨き、努力によって道を拓く喜びを体得します。

法友との交流で友情を築く

塾生同士の交流も活発です。お互いに信仰の価値観を共有するなかで、深い友情が育まれます。

- サクセスNo.1は全国に、本校・拠点・支部校を展開しています。
- 対象は小学生・中学生・高校生(大学受験生)です。

東京本校	TEL.03-5750-0747	FAX.03-5750-0737
名古屋本校	TEL.052-930-6389	FAX.052-930-6390
大阪本校	TEL.06-6271-7787	FAX.06-6271-7831
京滋本校	TEL.075-694-1777	FAX.075-661-8864
神戸本校	TEL.078-381-6227	FAX.078-381-6228
西東京本校	TEL.042-643-0722	FAX.042-643-0723
札幌本校	TEL.011-768-7734	FAX.011-768-7738
福岡本校	TEL.092-732-7200	FAX.092-732-7110
宇都宮本校	TEL.028-611-4780	FAX.028-611-4781
高松本校	TEL.087-811-2775	FAX.087-821-9177
沖縄本校	TEL.098-917-0472	FAX.098-917-0473
広島拠点	TEL.090-4913-7771	FAX.082-533-7733
岡山本校	TEL.086-207-2070	FAX.086-207-2033
北陸拠点	TEL.080-3460-3754	FAX.076-464-1341
大宮本校	TEL.048-778-9047	FAX.048-778-9047
仙台拠点	TEL.090-9808-3061	FAX.022-781-5534

●お気軽にお問合せください。

全国支部校のお問い合わせは、サクセスNo.1東京本校(TEL. 03-5750-0747)まで。

メール info@success.irh.jp

エンゼルプランV

信仰教育をベースに、知育や創造活動も行っています。

信仰に基づいて、幼児の心を豊かに育む情操教育を行っています。また、知育や創造活動を通して、ひとりひとりの子どもの個性を大切に伸ばします。お母さんたちの心の交流の場ともなっています。

TEL 03-5750-0757　FAX 03-5750-0767
メール angel-plan-v@kofuku-no-kagaku.or.jp

ネバー・マインド

不登校の子どもたちを支援するスクール。

「ネバー・マインド」とは、幸福の科学グループの不登校児支援スクールです。「信仰教育」と「学業支援」「体力増強」を柱に、合宿をはじめとするさまざまなプログラムで、再登校へのチャレンジと、進路先の受験対策指導、生活リズムの改善、心の通う仲間づくりを応援します。

TEL 03-5750-1741　FAX 03-5750-0734
メール nevermind@happy-science.org

ユー・アー・エンゼル!（あなたは天使!）運動

障害児の不安や悩みに取り組み、ご両親を励まし、勇気づける、障害児支援のボランティア運動です。学生や経験豊富なボランティアを中心に、全国各地で、障害児向けの信仰教育を行っています。保護者向けには、交流会や、医療者・特別支援教育者による勉強会、メール相談を行っています。

TEL 03-5750-1741　FAX 03-5750-0734
メール you-are-angel@happy-science.org

シニア・プラン21

生涯反省で人生を再生・新生し、希望に満ちた生涯現役人生を生きる仏法真理道場です。週1回、開催される研修には、年齢を問わず、多くの方が参加しています。現在、全国8カ所（東京、名古屋、大阪、福岡、新潟、仙台、札幌、千葉）で開校中です。

東京校 TEL 03-6384-0778　FAX 03-6384-0779
メール senior-plan@kofuku-no-kagaku.or.jp

入 会 の ご 案 内

あなたも、幸福の科学に集い、
ほんとうの幸福を
見つけてみませんか？

幸福の科学では、大川隆法総裁が説く仏法真理をもとに、
「どうすれば幸福になれるのか、また、
他の人を幸福にできるのか」を学び、実践しています。

入会

大川隆法総裁の教えを信じ、学ぼうとする方なら、どなたでも入会できます。入会された方には、『入会版「正心法語」』が授与されます。（入会の奉納は1,000円目安です）

ネットでも**入会**
できます。詳しくは、
下記URLへ。
happy-science.jp/joinus

三帰《さんき》誓願《せいがん》

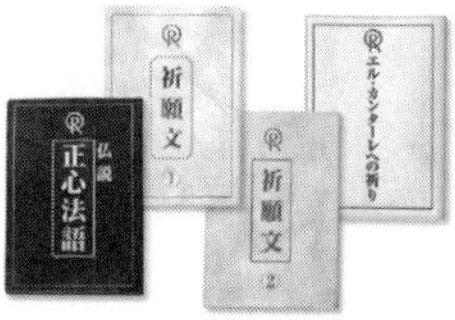

仏弟子としてさらに信仰を深めたい方は、仏・法・僧の三宝への帰依を誓う「三帰誓願式」を受けることができます。三帰誓願者には、『仏説・正心法語』『祈願文①』『祈願文②』『エル・カンターレへの祈り』が授与されます。

植福《しょくふく》の会

植福は、ユートピア建設のために、自分の富を差し出す尊い布施の行為です。布施の機会として、毎月1口1,000円からお申込みいただける、「植福の会」がございます。

「植福の会」に参加された方のうちご希望の方には、幸福の科学の小冊子（毎月1回）をお送りいたします。詳しくは、下記の電話番号までお問い合わせください。

月刊「幸福の科学」

ザ・伝道

ヤング・ブッダ

ヘルメス・エンゼルズ

INFORMATION	幸福の科学サービスセンター TEL. 03-5793-1727（受付時間 火～金：10～20時／土・日祝：10～18時） 宗教法人 幸福の科学 公式サイト happy-science.jp

戸《ど》時代の方でしょ？　江戸時代の方がつくった音楽を、いまだにみんなが聴《き》けるなんて、こんなこと考えられますか。ねえ？　ありえないでしょ。ほかのものは、全部、落ちこぼれていってるでしょ。

こういうのは、たぶん昔の時代に、そういう「音楽の世紀」があったわけですよ。文明のなかに、きっと、そういうときがあったに違《ちが》いないんですよ。だから、そういう〝特殊な能力〟が出てきてるんで、数学だって、やっぱり、〝特殊な能力〟なんです。

したがって、宇宙に出ていくことに関しては、今よりももっと〝特殊な能力〟が開花した時代があったはずなんですよ。やっぱり、ここを突き止めないといけないと思うんです。

「今が最高に進化してる」と思ったら、これが間違いで、実際には、文明は、波みたいになってる。波みたいに、上がったり下がったり、上がったり下がったっていうのは大事ですよ。

文明は波のように上がったり下がったりしながら進んでいる

アインシュタイン　やっぱり、なぜか知らないけど、「才能」っていうのはあるので。まあ、今世《こんぜ》だけの、ここ二、三千年の文明だけを見たら、ちょっと分からないかもしれないけど、もっともっと長い文明を見れば、理数系部門のほうが非常に優《すぐ》れてた文明もあったので、そういう痕跡《こんせき》が出てくるんだろうと思うんですよ。

　そういうのが特殊な部分で出てくるわけであるし、「音楽の天才」みたいな人も出てくるけども、モーツァルトだって、日本で言えば、江《え》

モーツァルト（1756～1791）オーストリアの作曲家・演奏家。幼少時から天才性を発揮し、5歳で最初の作曲を行う。ハイドン、ベートーヴェンと並ぶ、ウィーン古典派三大巨匠の一人。